Für außerordentliche sportliche Leistungen in den Jahren 2003 und 2004 wird Dir dieser Buchband überreicht.

Dein

TURNERBUND WIESBADEN J.P.
im November 2004

Chr. Schinköthe
1. Vorsitzender

Achim Dreis

WIESBADENER Sportgeschichte(n)

Anfänge · Wettkämpfe · Höhepunkte

Wartberg Verlag

Fotonachweis:
Sportstätten: Hauzel
Turnen: TV Waldstraße, Schreiner (S. 9 u. und 10)
Turnen: Turnerbund Wiesbaden
Handball: Rößler
Boxen: Tuttlies
Fußball: SV Wiesbaden, Rücker (S. 19)
Sportklettern: Schmidt
Wassersport: Wassersport-Verein Schierstein
Radsport: Hauzel
Radball/Radpolo: Seib, Wiesbadener Tagblatt (S. 31 u.)
Judo: Judo-Club Wiesbaden, TV Biebrich (S. 33 u.)
Polizeisport: Klunkert (S. 34), Grün-Weiß Wiesbaden
Badminton: Fulle
Motorradrennen: Bommert
Tischtennis: Roller
Schießen: Staab
Hockey: Blöcher
Leichtathletik: Bossong
Schulsport: Portmann

1. Auflage 2004

Satz und Layout: Grafik & Design Ulrich Weiß, Gudensberg
Druck: Thiele & Schwarz, Kassel
Buchbinderische Verarbeitung: Buchbinderei Büge, Celle

34281 Gudensberg-Gleichen, Im Wiesental 1
Telefon (0 56 03) 9 30 50
www.wartberg-verlag.de
ISBN 3-8313-1062-9

Ist Wiesbaden eine Sportstadt? Diese Frage wird seit Jahrzehnten immer wieder gestellt, als hinge davon Glück oder Unglück der Bewohner ab. Und die Frage wird der Einfachheit halber in aller Regel mit Nein beantwortet. Kein Profifußball – die ranghöchsten Kicker der Region kommen von jenseits des Taunuskamms aus Wehen und Wörsdorf. Der Handball-Bundesligist, der nach jahrelangem Duell nicht unwesentlich am Niedergang der Wiesbadener Eintracht beteiligt war, heißt im Volksmund Ländches-SG, hat seinen Sitz gleichfalls direkt vor den Toren der Landeshauptstadt in Wallau und Massenheim. Talentierte Leichtathleten, Turner, Schwimmer gehen meist eher früher als später andernorts ihrer Kunst nach.

Im Wiesbadener Tagblatt wurde bereits 1952 unter der Überschrift „Ist der Sport ein Stiefkind in Wiesbaden?“ eine Analyse versucht, obwohl damals die Fans noch in Massen strömten, zu den Fußballern, den Feldhandballern, zu Motorrad- und Radrennen, zum Boxen wie zum Kunstturnen. In der Stadt wurde nach dem Zweiten Weltkrieg das deutsche Badminton aus der Taufe gehoben, hier fand der große Schützenbund seine Heimat, Judo-Hochburg war sie seit eh und je. Hallenhockey wurde in der hessischen Landeshauptstadt erfunden und Radpolo als Radball-Variante für Frauen, Wiesbadens Tischtennisspieler waren über Jahre hinweg nationale Extraklasse.

Für eine Tagblatt-Serie haben Zeitzeugen ihre privaten Foto-Alben geöffnet und an das Aufblühen des Sports nach dem Krieg erinnert. Die Beiträge fanden große Resonanz. Beim Biebricher Nostalgiecup etwa, dem traditionellen Winter-Treffen der erfolgreichen Wiesbadener Alt-Fußballer saßen die Kicker, Trainer, Funktionäre und Edel-Fans von einst mit den ausgeschnittenen Bildern auf der Tribüne und versuchten gemeinsam Erinnerungslücken zu schließen, vergessenen Namen auf die Spur zu kommen, Ereignisse und Daten neu zu sortieren. Um diesem offensichtlichen Bedürfnis Rechnung zu tragen, haben wir die Serien-Beiträge von Achim Dreis mit zusätzlichen, teilweise noch nicht veröffentlichten historischen Fotos hier zusammengefasst.

Viel Freude mit diesem Buch wünscht Ihnen
Ihr Heinz-Jürgen Hauzel (Redaktionsleiter Wiesbadener Tagblatt)

Sport in Wiesbaden anno 1952

Dass Wiesbaden keine Sportstadt ist, gilt als Binsenweisheit. Selten nur machen Sportler aus der hessischen Landeshauptstadt überregional auf sich aufmerksam, und wenn, dann guckt keiner zu. Zumal Wiesbaden auch als Ausrichter, von einigen Radrennen abgesehen, keinen Namen hat. Was kein Zufall ist, denn es gibt weder geeignete Hallen, noch ein modernes Stadion.

In den 50er Jahren schienen die Wiesbadener Sportler erfolgreicher gewesen zu sein, wie in unserer Serie „Anfänge des Sports" dokumentiert wurde. Doch auch damals gab es schon einen Mangel an Übungsstätten, der vor allem im Hinblick auf den Breitensport, aus dem sich schließlich der Spitzensport entwickeln muss, wortreich beklagt wurde. Das Wiesbadener Tagblatt hatte am 22., 24. und 27. November 1952 in einer dreiteiligen Analyse beleuchtet, ob der Sport ein „Stiefkind" in Wiesbaden ist?

Es fehlte ein Hallenbad

Die Überprüfung begann bei den Schwimmern, die im Sommerbetrieb 1952 dank des neu erbauten Schwimmbads Kleinfeldchen einen erfreulichen Aufwärtstrend verzeichneten. Doch im gleichen Gedanken wurde klar: „Es fehlt ein Bad, das den Anforderungen einer Viertelmillionenstadt gerecht wird, um in den Wintermonaten die Jugend und den Nachwuchs fördern zu können." Die Kapazität des Hallenbades in der Rheumaklinik war völlig überlastet, es konnte nur eine Übergangslösung sein. Wettkämpfe konnten lediglich in bescheidenem Rahmen ausgerichtet werden. Schwimm-Unterricht sah so aus, dass 80 Schwimmschüler „umschichtig" in einem zu kleinen Becken beschäftigt wurden. „So scheitert ein für die Gesunderhaltung der Menschen so wichtiger Sportzweig an der Unzulänglichkeit", schrieb das Tagblatt. Das halbfett formulierte Resultat der dreispaltigen Erörterung: „Es ergibt sich die Notwendigkeit für den Bau eines Hallenbades, das auch den Notwendigkeiten schwimmsportlicher Wettkämpfe entspricht."

Weiter ging es mit den Leichtathleten: „Die einzige Halle in Wiesbaden, die eine Sprunggrube besitzt, ist die Turnhalle des Turnerbundes." Hier konnten auch technische Disziplinen wie Stabhochspringen oder Kugelstoßen geübt werden. Mehr als 60 Minuten pro Woche für Frauen und Mädchen und deren 90 für Männer und Jungen standen der Leichtathletik-Abteilung an-

Überfülltes Schwimmbad Kleinfeldchen

gesichts der enormen Hallenauslastung aber nicht zu. „Zwei- bis dreimal pro Woche wäre notwendig, aber die Hallennot...", sagte ein Trainer. Andere Vereine hatten gar keine Halle. Die der Eintracht war zum Beispiel im Krieg zerstört worden, und bis dato konnte sie noch nicht wieder hergerichtet werden. Auch an einigen Schulen musste ganz ohne Sporthalle unterrichtet werden. Der Waldlauf als einziges Mittel des Konditionstrainings war unvermeidbar. „Wir müssen bescheiden sein, aber dementsprechend kommt eben auch nicht mehr raus", sagte ein nicht namentlich genannter Übungsleiter zu den Sportbedingungen.

Radfahrer und Reiter hatten es besser

Im Vergleich zu anderen Sportarten ging es den Reitern recht gut. Im Tattersall konnte der Reitschulbetrieb durchgeführt werden. Sogar die Abnahme für das bronzene und silberne Reiterabzeichen und die Durchführung von Reit- und Springturnieren bis zur Klasse S waren möglich. Auch den Radfahrern des RC Wiesbaden ging es im Bezug auf die Ausrüstung ganz gut – sie verfügten über acht Hometrainer, womit sie in einer bemerkenswert positiven Situation waren. Doch von diesen Ausnahmen abgesehen, galt die Lage in Wiesbaden als bemerkenswert ungünstig für Sportler. In anderen Städten, die vom Krieg wesentlich stärker gezeichnet wurden, sei der Neu- und Wiederaufbau von Sportstätten wesentlich schneller vonstatten gegangen, monierte das Tagblatt.

Und immer wieder in die Schlossreithalle

Allgegenwärtige Ausrichtungsstätte für alle möglichen Sportarten und Disziplinen war die Schlossreithalle, „auch wenn manches dort wenig einladend" war. Hier fanden Turniere im Hockey, Badminton oder Tischtennis statt, standen Trainingszeiten für Hand- und Fußballer zur Verfügung. Doch es war 1952 schon absehbar, dass die Schlossreithalle bald danach ihren Besitzer wechseln und für den Sport verloren gehen würde, da der Hessische Landtag diesen Platz für sich einforderte.

Das Tagblatt forderte neben dem Bau einer Schwimmhalle deshalb auch den Bau einer Groß-Sporthalle in Wiesbaden. Sie müsse vielseitige Verwendungsmöglichkeiten bieten, da die Zeit des Improvisierens endgültig vorbei sein sollte. Das Blatt befand sich damit im Einklang mit der großen Politik, denn Bundesinnenminister Lehr hatte 1952 den „Bundes-Sportplan" entwickelt, der den Ausbau von genügend Sportstätten vorsah, um einem sich abzeichnenden Bewegungsmangel entgegenzuwirken.

Gesundheitsfaktor Sport

Sport treiben dient der Gesundheit, diese Meinung nistete sich erst allmählich in den Köpfen ein. „Der Jugend in seiner Sportgesundheit und damit unserer Volksgesundheit allgemein zu dienen, ist unserer Meinung nach eine Notwendigkeit", schrieb das Tagblatt. Die weitsichtige Analyse kommt zu dem Schluss, dass Gelder, die in diesem Sektor eingesetzt werden, „an anderen Stellen des Gesundheitssektors im Laufe der Jahre eingespart werden" können. Die städtischen Gesamtaufwendungen für Sportanlagen und Sportplätze betrug in diesem Jahr laut einer Aufstellung des Stadtkämmerers gerade mal 242 000 Mark. Die Gesamtaufwendungen für Kur- und Fremdenverkehr dagegen mit 2,27 Millionen Mark fast das Zehnfache. Für Theater- und Musikpflege standen 1,38 Millionen zur Verfügung.

Dieser Unterschied erzürnte den Kommentator Heinz R. Hauzel: „Sport ist Ausdruck des Lebenswillens, er ist für viele der Lichtblick in ihrem teilweise kümmerlichen Dasein. Sport vermittelt ihnen Erholung und Kräftigung. Er ist Ausdruck unserer Zeit: Deshalb hat der Sport auch ein Recht Forderungen zu stellen. Er erwartet hier in Wiesbaden, dass man sich seiner mehr als bisher annimmt, dass man ihm hilft, und dass man ihm die Grundlagen für seine großen Aufgaben schafft." Wohlgemerkt, der Artikel stammt von 1952.

Übungsstunden fanden im Freien statt. Hier: Gewichtheben.

Flanken gibt's nicht nur beim Fußball

Die alten Recken des TV Waldstraße machen sich nichts vor: Turnen ist Quälerei, und heute will sich keiner mehr quälen. Dass durch diese Entwicklung aber zwangsläufig schlechte Zeiten für einen Turnverein entstünden, wäre zu kurz gegriffen.

Immer mittwochs Übungsabend: die Turnriege des TV Waldstraße Ende der 50er Jahre mit (v.l.n.r.) N.N., Erich Schreck, Willi Schön, „Onkel Karl", Wilhelm Wesp, Ernst Bullmann, Otto Dauer, Hans Schönmehl, Andreas Flörch

Geturnt wird weiterhin, vor allem das Kleinkinderturnen ist stark nachgefragt. Auch einige Jugendliche greifen noch nach den schwierigen Geräten wie Reck, Barren oder Pferd. Doch statt „frisch, fromm, fröhlich, frei" steht heute eher „Bauch, Beine, Po" im Mittelpunkt der Turnbewegung.

Männer mit weißen Turnhemden

„Wir haben uns nach und nach geöffnet, um das Fortbestehen des Vereins zu gewährleisten", sagt Karl-Heinz Ott (65), der Vorsitzende des einhundert und ein Jahr alten Wiesbadener Traditionsvereins: Tischtennis, Tanzsport und Leichtathletik sind nur drei der rund ein Dutzend Abteilungen und Übungsgruppen, die seit den 60er Jahren entstanden sind. Prellball, das alte Turnspiel, gehörte schon immer zum Kanon.

Mittelpunkt in der 50er Jahren war aber zweifelsfrei das Gerätturnen. Jeden Mittwoch trafen sich die Männer mit den weißen Turnhemden in der Halle an der Buchenstraße. Werner Höfel (81), der den Verein 1947 wieder ins Leben rief, und Willi Wesp (83), der Ehrenvorsitzende, sind heute die Urgesteine der Waldstraßen-Turnerriege.

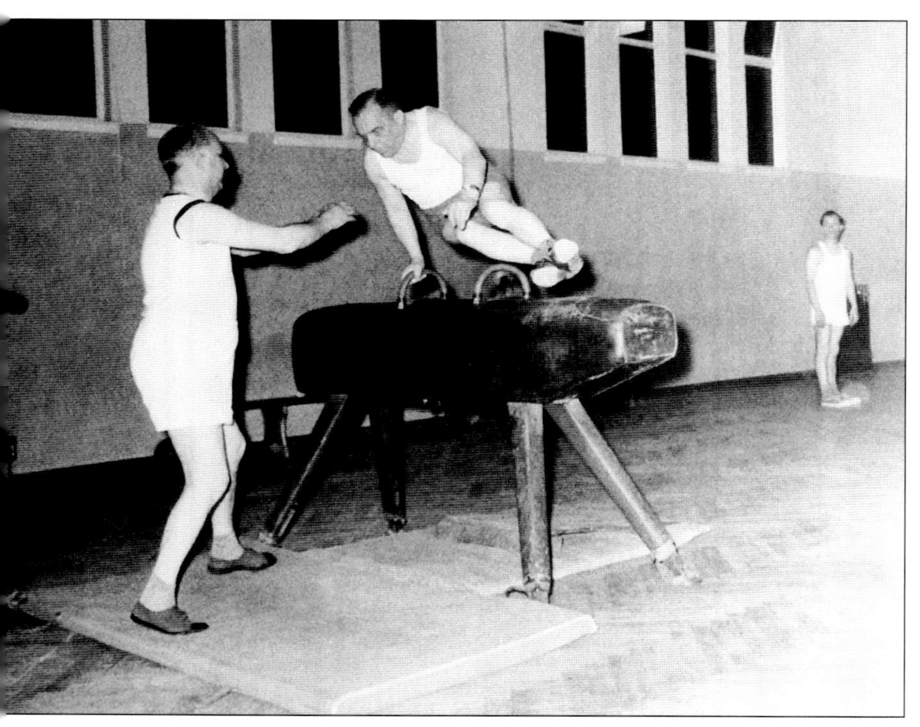

Elegante Flanke übers Seitpferd: Turnkamerad Otto Dauer. Hilfestellung gibt „Onkel Karl", an dessen Familienname sich keiner mehr erinnert

Haltung auch in der Luft: Otto Dauer

Aus Anekdoten wird Geschichte

Die Erinnerungen an Turnfeste, Ausflüge und Turnabende sind noch frisch, Namen von Turnkameraden werden aus dem Gedächtnis gekramt. Am Parkettboden, früher hatte die Turnhalle einen Asphaltboden, und dem alten Heizkörper im Hintergrund wird die Dekade der Aufnahme erkannt.

Beim Foto-Abend im Vereinslokal steuern auch Renate und Ehrenvorstandsmitglied Horst Schreiner Anekdoten zu, während der junge Klaus Hobert (40) als Vereinsarchivar über den Erhalt der alten Schwarz-Weiß-Bilder wacht und damit gleichzeitig die Geschichte der Turnbewegung studiert.

Sicherer Schritt über die Langbank: Marion Kleemann, heute Niesler, beim Kleinkinderturnen 1956

„Wir Kinder von der Waldstraße": Kleinkinderturnen

Einweihung der Turnhalle 1953: Hintere Reihe: Gisela Steudter (Engel), Renate Kölling (Schreiner), Ilse Schmitzer (Müller), Irene März (Besier), Ingrid Weyel, Ursula Michel, Edith Gramer, NN, vorne: Ingrid Weise und Susanne Bach

„Als würden sie schweben"

Dieser Nachmittag, der so recht die Vielfalt deutschen Turnertums erstrahlen ließ, wird für alle Zeiten einer der Höhepunkte des Wiesbadener Turnerbunds bleiben." So stand's geschrieben am 24. Mai 1954 in der Lokalzeitung, und rund 50 Jahre später kann Vereinsarchivar Kurt Koch (82) dieser Einschätzung noch immer zustimmen. Zur 90-Jahr-Feier hatte der Verein damals ein großes Schauturnen auf dem Sportplatz Kleinfeldchen durchgeführt. Rund 1000 Teilnehmer waren dabei und als sportlicher Höhepunkt gab die Nationalriege eine Vorführung an den Geräten.

Es war nicht das einzige turnerische Großereignis in den 50er Jahren, das in Wiesbaden für Aufsehen gesorgt hatte. Am 7. und 8. Juni 1952 fand im Kurgarten ein Ausscheidungsturnen der Männer für die Olympischen Spiele statt. Pferd seit, Pferd längs, Reck, Ringe, Boden und Barren waren die Pflichtgeräte, an denen im Kurpark um olympische Ehre geturnt wurde. Sonntags standen die Kürübungen an, aufgeführt unter musikalischer Begleitung des Symphonie-Orchesters der Stadt Wiesbaden.

Anneliese Theel schwebte besonders schön

Im Rahmenprogramm zeigten die Frauen des Turnerbunds „turnerische und gymnastische Darbietungen" wie Laufen, Federn, Springen, aber auch Sprungseilgymnastik. „Wenn man die Mädchen gesehen hat, hat man immer gedacht, sie schweben", schwärmt Milli Kietz (80), Mitgliedswartin des Wiesbadener Turnerbundes, noch heute von der Anmut der Gymnastikgruppe. Besonders schön schwebte Anneliese Theel, die später, 1972, als Vizepräsidentin des deutschen Turnerbundes bei den Olympischen Spielen in München dabei war.

Doch auch außerhalb des Landes sorgten die Turnerbundler für Furore. „Sechstausend Spanier umjubeln Peter Schick und seine Turner" war das Fazit einer Barcelona-Reise 1953. Peter Schick lehrte das Turnen, organisierte Auslandsreisen und Turnvorführungen und gab dem Verein damals einen regelrechten Schub. Folgerichtig sind die Sporthallen am Kurt-Schumacher-Ring mittlerweile nach dem legendären Turnlehrer benannt.

Milli Kietz noch immer aktiv

Heute hat der Verein etwa 2500 Mitglieder, fast doppelt so viele wie in den 50er Jahren, doch den rechten Zusammenhalt und die Verbundenheit von einst vermissen die Altgedienten gelegentlich. Dennoch sind sie stolz auf ihren Verein, der neben einem hauptamtlichen Turnlehrer rund 40 lizenzierte Übungsleiter und -leiterinnen beschäftigt.

Der Kanon der Sportarten reicht von Turnen über Leichtathletik, Fechten und Rhönrad, Kegeln und Volleyball bis zu Wandern und Walking. „Die Aerobic- und Fitness-Kurse werden jeden Abend von bis zu 100 Frauen besucht", berichtet Milli Kietz. Auch sie ist mit ihren 80 Jahren noch zweimal die Woche aktiv, nennt ihre Übungen aber nach alter Turnväter Sitte schlicht „Gymnastik".

„Als würden sie schweben": Anneliese Theel (hinten) mit Partnerin beim deutschen Turnfest in Hamburg 1953

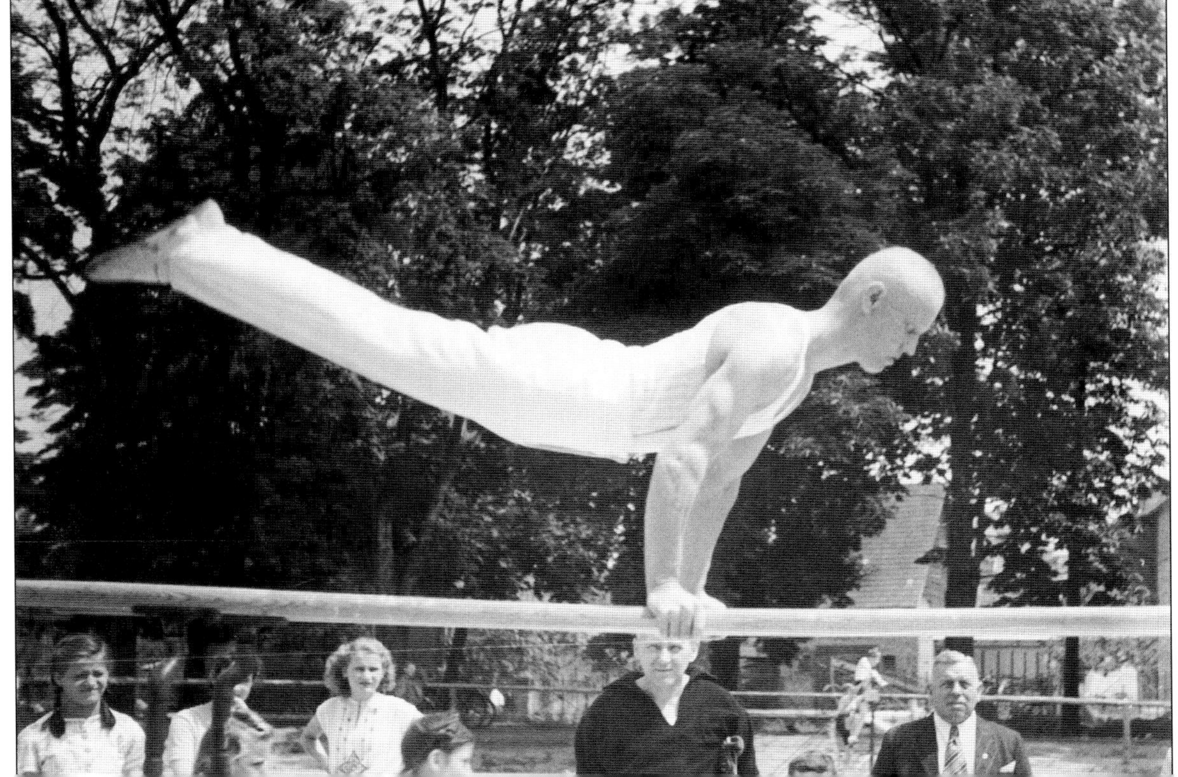

Turnübungen in frischer Luft: Peter Ackerknecht 1953 vor aufmerksamem Publikum

▲Übungsstunde vor der 90-Jahr-Feier im Mai 1954 in der einstigen Turnhalle in der Schwalbacher Straße

►Frisch, fromm, fröhlich, frei: Turnerbund-Elfe 1954

Tausende schauten Feldhandballern zu

Glanzparade: Torwart Karl-Heinz Rößler in einem Handballmatch seines VfR gegen Rüsselsheim auf dem alten Platz, der Mitte der 50er Jahre dem Bau der Rhein-Main-Halle weichen musste

Karl-Heinz Rößler erlebte die große Zeit des VfR als Torwart

Eine der sportlichen Disziplinen, die es heute gar nicht mehr gibt oder höchstens noch mal von alten Kempen bei Schauturnieren zelebriert wird, ist Feldhandball. Doch der Ursprung des Handballsports, der 1917 in Deutschland erfunden wurde, liegt auf fußballplatzgroßen Feldern, wurde analog zum Fußball mit elf Akteuren gespielt und erfreute sich großer Popularität. So auch in Wiesbaden. Die beste Handballmannschaft des Bezirks war nach dem Zweiten Weltkrieg der VfR-Reichsbahn Wiesbaden, der ab 1945 die Tradition des 1927 gegründeten „Reichsbahn Turn- und Sportvereins" weiterführte. Die „Eisenbahner" begrüßten zu ihren Heimspielen in der Kronprinzenstraße selten weniger als 1000 Zuschauer. Der von 1952 bis 1999 amtierende VfR-Vorsitzende und frühere Handball-Torwart Karl-Heinz Rößler (81) kann sich sogar an Partien vor 5000 Zuschauern erinnern: „Vor den Spielen haben wir immer Sichtblenden um den ganzen Sportplatz gezogen, damit die Leute nicht kiebitzen konnten, doch viele haben sich dann auf ihre Fahrräder gestellt und drüber geguckt, um den Eintritt zu sparen."

Erste Spiele im Schuttstadion

Leicht hatten es die Handballer ohnehin nicht, denn sie mussten zunächst im „Schuttstadion" spielen, einem ehemaligen Sportplatz in der Lessingstraße, der während des Krieges als Schuttabladefläche genutzt worden war. In unermüdlicher Eigenleistung wurde diese Geröllhalde so weit geebnet, dass ein halbwegs vernünftiges Spiel aufkommen konnte. Das erste Spiel im „Schuttstadion" gewann der VfR mit 6:3 gegen Gernsheim und kletterte damit an die Tabellenspitze der 1. Hessischen Spielklasse.

Ab 1949 konnten die „Rasensportler" dann wieder auf ihrem angestammten Platz spielen, allerdings nur bis Mitte der 50er Jahre. Dann verkaufte die Bundesbahn das Sportplatzgelände zwischen Friedrich-Ebert-Allee und Rheinbahnstraße an die Stadt, damit dort die Rhein-Main-Hallen entstehen konnten. Und der Südstadt-Verein musste erneut umziehen, diesmal ins Westend.

„Schön ist der Sieg, schöner der edle Wettkampf"

Das hinderte die Handballer allerdings nicht daran, gerade in jener Rhein-Main-Halle, die ihnen ihre sportliche Heimat genommen hatte, ein erstes interna-

Die erste Handballmannschaft des VfR Wiesbaden in der Saison 1949/50

Ein Platz wie beim Fußball, erinnert an Rugby, ist aber Handball: Feldhandball in den 50er Jahren

tionales Hallenhandballturnier auszurichten. Zum 30-jährigen Vereinsjubiläum 1957 meldete sich kein geringerer als der jugoslawische Meister Roter Stern Belgrad als Gast an. Auch umgekehrt liebten es die Eisenbahner, große Handballreisen zu unternehmen. Nach dem Motto „Schön ist der Sieg, schöner aber der edle Wettkampf" spielten sie in den 50ern gegen 26 europäische Mannschaften – darunter Uni Barcelona, PSV Wien und Lokomotive Skopje – teils zu Hause, teils auf fremdem Boden, mal im Freien, mal in der Halle.

Der größte Coup war ihnen schon 1948 gelungen. Als erster Wiesbadener Sportverein nahm der VfR die internationalen Sportverbindungen wieder auf und lud unmittelbar nach der Währungsreform die damals berühmte schwedische Handballmannschaft aus Kristianstad, in deren Reihen einige Olympiateilnehmer und Weltmeister standen, nach Wiesbaden ein. „Es war eine Demonstration echter Handballkunst vor rund 5000 Zuschauern."

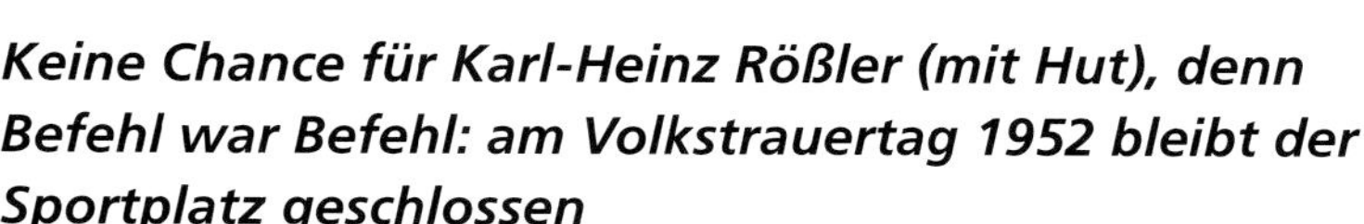

Keine Chance für Karl-Heinz Rößler (mit Hut), denn Befehl war Befehl: am Volkstrauertag 1952 bleibt der Sportplatz geschlossen

Erstes Spiel im „Schuttstadion": 6:3 gewonnen

Durch Regeländerungen ins Aus gespielt

Zu einem weiteren besonderen Sportereignis war es ebenfalls 1948 auf dem Sportplatz „Frankfurter Straße" gekommen. Der „Verein für Rasenspiele" trat in einer Doppelveranstaltung erst mit den Handballern und dann mit ihrem Fußballteam jeweils gegen den SV Waldhof aus Mannheim an. „Ein eleganter Flachpass und ein modernes Kreiselspiel westdeutscher Art" prägten damals die Waldhof-Fußballer, die den VfR prompt 6:1 schlugen. Mit dem Ball in der Hand verkauften sich die Wiesbadener etwas besser, unterlagen aber dem damaligen deutschen Vizemeister mit 6:11.

Im Laufe der 50er Jahre überließen die Handballer dann das große Feld immer mehr den Sportfreunden, die den Ball mit Füßen traten. „Feldhandball ist untergegangen, weil die Spielregeln mehrfach geändert wurden", erinnert sich „Jahrhundert-Handballer" Rößler: „Mal gab es eine Abseitsregel analog zum Fußball, die nicht eingehalten wurde, mal wurde eine Dreiteilung des Spielfeldes eingeführt – maximal sechs Spieler eines Teams durften sich im gleichen Drittel aufhalten – die sich nicht durchsetzte." Da wanderte man lieber gleich zum Hallenhandball über, das wird schließlich auch mit sechs Feldspielern gespielt.

Erster Wimpeltausch in der Rhein-Main-Halle – Jubiläumsspiel gegen Roter Stern Belgrad

Zum Sonntag gehörten in Biebrich die Boxkämpfe

Günter Tuttlies stand in der großen Riege von TVB-Trainer Gaykowski

In 172 Kämpfen kein einziges Mal k.o. gegangen und noch nicht mal die Nase gebrochen. Günter Tuttlies (73) ist stolz auf seine Karriere – auch ein knappes halbes Jahrhundert nach seinem letzten Kampf 1956. „Die 50er Jahre waren die große Zeit des Boxens", sagt der kleine Mann, der einst als Leichtgewichtsboxer eine sichere Bank in der Boxstaffel des TV Biebrich war.

Noch heute wird er gelegentlich aufs Boxen angesprochen, wenn der gebürtige Westfale durch seine Wahlheimat spaziert. Man erinnert sich im alten Biebrich an Tuttlies, der in Boxkommentaren zumeist als „Wirbelwind", „flink und wendig" oder „stürmisch" charakterisiert wurde. „Ich war mehr so ein Wuscheler", bezeichnet der 1,66 Meter große Linksausleger seinen Stil, der ihm vor allem gegen größere Gegner Vorteile brachte.

Box-Spektakel Open-Air: Kämpfer Tuttlies (rechts) auf DDR-Tournee

Vom Fußballplatz zum Boxring

Boxen, das gehörte in den 50er Jahren in Biebrich zu den Sonntagen wie der Gang auf den Fußballplatz. Und beide Sportarten gehören zu Günter Tuttlies, der von sich sagt: „Vielleicht habe ich sogar besser Fußball gespielt, als ich geboxt habe." Mittags wurden auf dem Dyckerhoff-Gelände die Spiele der 02er in der 2. Amateuerliga geguckt, abends standen die Ringkämpfe in der Turnhalle des TV Biebrich auf dem Programm. „Alle 14 Tage war die Halle voll."

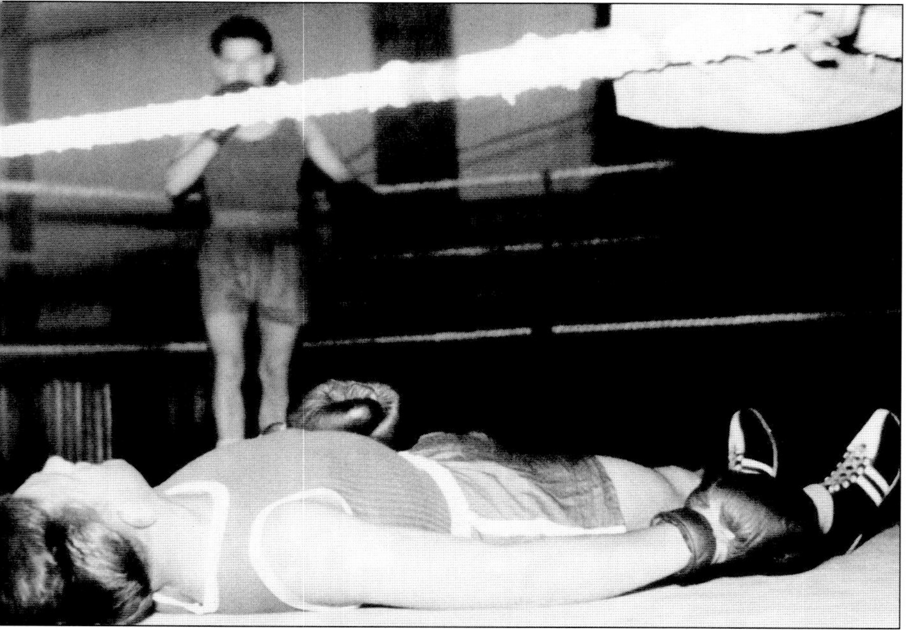

Unter der Schlagzeile „Atomarer Niederschlag" im Fotoalbum vom Günter Tuttlies

Anton Gaykowski, selbst in der 30er Jahren ein ausgewiesenes Ass im Ring-Quadrat, unter anderem Polizei-Europameister der Amateurboxer im Halbschwergewicht, war seinerzeit der große Lehrmeister einer illustren Biebricher Boxstaffel. Gaykowskis Sohn Wolfgang gehörte dazu und Dieter Dickescheid, der Deutscher Jugendmeister wurde. Dann gab es die Gebrüder Klemm, Hessenmeister Rolf Conradi und eben Tuttlies, der als westfälischer Jugendmeister vom Boxclub Bockum-Hövel an den Rhein kam. „Wir erinnern uns gerne an die Zeit, in der wir mit Freude und Engagement einem Kampfsport huldigten, der uns außer vielen Erlebnissen und Erfolgen die liebste Freizeitbeschäftigung war", heißt es in einer Erinnerungsurkunde an die großen Box-Zeiten des TVB. Dabei wurde bei den Faustkämpfern darauf geachtet, dass die Rabauken draußen blieben. „Wer sich außerhalb des Ringes prügelte, wurde ausgeschlossen."

K.-o.-Sieger gegen den Amerikaner

Das Fernsehen, der schleichende Totengräber der Vereinskultur, brach dann in den 60ern über Biebrich wie den Rest der Republik herein und die Amateur-Boxer verloren Publikum und Stellenwert. Wobei Günter Tuttlies für die Übertragung eines guten Profikampfes aus Amerika auch gerne mal nachts um vier aufgestanden ist, wie seinerzeit beim legendären Kampf in

Kinshasa zwischen Muhammed Ali und Joe Frazier.

Der gelernte Schriftsetzer arbeitete selbst eine Weile für die Amerikaner in Wiesbaden und erinnert sich noch gerne an manchen Vergleichskampf zwischen Besatzungstruppen und Einheimischen. „Gegen die Heeres-Staffel haben wir 1953 in Ingelheim geboxt – ich hatte keine Angst und habe meinen Kampf in der 2. Runde durch k. o. gewonnen."

Die Mannschaft des TV Biebrich in den 50ern

Schon beim Blättern im alten Foto-Album tut es manchmal weh, wenn man die Schläge sieht. „In Fulda hat mal einer zwei, drei Zähne verloren, das hat mir schon sehr Leid getan." Die Zeitungsschlagzeile dazu lautete: „Tuttlies K.-o.-Sieger in 20 Sekunden." Darauf wiederum ist der „genau und trocken schlagende" Leichtgewichtler auch heute noch stolz. Seine Frau Hedi hatte oft nicht hingucken können: „Ich hab manches Taschentuch zerrissen, wenn er im Ring stand." Er dagegen hatte vorher genau hingesehen, denn Hedi war Turnerin beim TV Biebrich – und die beiden lernten sich beim Training kennen.

Ohne Kopfschutz und ohne Angst

Dass das ZDF in den letzten Jahren groß ins Boxgeschäft eingestiegen ist, freut ihn natürlich. Wobei ihm bei den Super-Zeitlupen krachender Kopftreffer schon mal bewusst wird, dass sein Sport doch recht gefährlich für die Gesundheit sein kann, obwohl ihm selbst nie etwas passiert ist. „Heute tragen die Amateure Kopfschutz, das finde ich sehr gut – wir hatten das damals nicht."

Der „flinke Wuscheler" Günter Tuttlies (rechts) wurde zwar auch mal getroffen, ging aber nie k. o.

Geschafft, aber nicht geschlagen: Günter Tuttlies

SV Wiesbaden schrieb deutsche Fußball-Geschichte

Das Team von Helmut Schön war der erste Nachkriegsgast in Belgien

An das „Wunder von Bern" war noch nicht zu denken, als der SV Wiesbaden deutsche Fußball-Geschichte schrieb. Anfang der 50er Jahre ging auch der Wiederaufbau im deutschen Sport voran. Der SVW hatte schon 45/46 wieder mit seinem Spielbetrieb begonnen, als eigentlich noch gar nicht an Fußball zu denken war.

Im „Fußballjahrbuch 1948/49" ist die Spielsituation eindrucksvoll beschrieben: „Der Fußball rollt. Es ist kaum zu glauben, aber es ist so. Noch decken die Trümmer die Straßen, die Brücken liegen in den Flüssen, von vielen Masten flattern noch die Fetzen der Telefondrähte. Züge bleiben stehen, weil die kranken Lokomotiven unterwegs verrecken. Aber der Fußball rollt, es steht sogar die Oberliga. Die Schiedsrichter pfeifen, und die Mannschaften kommen aus den Kabinen, Sonntag für Sonntag, in München, in Stuttgart, in Frankfurt und auch in Wiesbaden."

Der SV Wiesbaden als Botschafter des Sports. Als erste deutsche Mannschaft spielte sie nach dem Krieg auf belgischem Boden. Shakehands beim Anpfiff mit Spielführer Albert Schmidt (rechts). SVW-Trainer 1951/52 und beim Spiel in Gent war der spätere Bundestrainer Helmut Schön

Fußball-Wiesbaden in einem Atemzug mit München

Bemerkenswert, dass König Fußball damals die Leute schon wieder in seinen Bann zog, doppelt bemerkenswert, dass Fußball-Wiesbaden in einer Zeile mit Frankfurt, Stuttgart oder gar München genannt wurde. Doch der SVW gehörte nach einigen guten Jahren in der Landesliga sogar zu den Gründungsclubs der Zweiten Liga Süd in der Saison 50/51. Es herrschten – den Verhältnissen entsprechend – Profibedingungen, es wurde dreimal pro Woche trainiert. Namhafte Vereine wie Bayern München, Darmstadt 98 oder die Stuttgarter Kickers kreuzten damals zu Punktspielen in der Kurstadt auf.

Wiederaufbauarbeit: die SVW-Mannschaft 1948/49 von links, stehend: Abteilungsleiter Gans, Verspohl, Fuchs, Watzelhahn, Albert Schmidt, Götz, Schlotter, Giebermann, Lakatos, Trainer Schaar; kniend: Csakany, Fleisch, Klemm und Klimmeck

Im Jubiläumsbuch zum hundertsten Geburtstag des Vereins 1999 werden 50er-Jahre-Spielernamen wie Willi Schulmeier, Heini Sassenrath, Walter Lubjuhn oder Otto Fuchs beinahe ehrfürchtig notiert. Die Spielweise von Ali Remlein, der sogar bei Sepp Herberger auf der Nationalmannschaftsbank saß, kommentierte Tagblatt-Reporter Heinz R. Hauzel im Juni 1952: „Es erübrigt sich, über ihn noch etwas zu schreiben. Man lese in den früheren Spielberichten nach. Was über ihn noch Gutes zu sagen wäre, ist bestimmt schon gesagt worden." Fußball war eben schon immer mehr als ein Spiel, und in der Erinnerung neigt der Mensch generell zu Heldenverehrung, sogar der Schriftsteller Peter Handkes hatte einst „Die Aufstellung des 1. FC Nürnberg am 27. Januar 1968" als Gedicht verfasst.

Die SVW-Reserve am 9. April 1949 vor einem 3:1-Sieg gegen den FC Oestrich. Von links, stehend: Rücker, Dudeck, Safran, Migge, Spohr, Kahle, Klemm, Gilles, Berg, Obmann Höfer; kniend: Kowalke, Baum, Th. Müller

Gastspiel in Belgien wurde im Radio übertragen

Doch der Aktionsradius des SV Wiesbaden ging in den 50ern nicht nur über das Land Hessen hinaus, sondern sogar über die Bundesgrenzen. Der Sportverein war die erste deutsche Mannschaft, die nach dem Zweiten Weltkrieg wieder auf belgischem Boden Fußball spielen durfte. In Gent trat der SVW seinerzeit vor 10 000 Zuschauern an und das Spiel wurde sogar im Radio übertragen. Doch die blau-orangefarbenen Fußballer aus der hessischen Landeshauptstadt traten damals nicht nur als Botschafter des deutschen Sports auf, sie waren auch versierte Fußballer. Mit 4:0 gewann der heutige Bezirks-Oberligist dieses wichtigste Auswärtsspiel seiner Vereinsgeschichte, auch wenn es nur ein Freundschaftsspiel war.

Beim Rückspiel in Wiesbaden reichte es im Juni 1952 nur noch zu einem 2:2, das Wiesbadener Tagblatt machte damals „Schwächen in der Hintermannschaft aus: Der einzige helle Punkt in den hinteren Reihen war Schmidt, der oft als Retter in höchster Not auftrat." Jener Retter in höchster Not, Albert Schmidt, blieb dem Verein als wertvoller Spieler bis 1960 erhalten und absolvierte mehr als 500 Pflichtspiele.

Der „Mann mit der Mütze" war Trainer

SVW-Trainer beim Ausflug nach Gent war übrigens kein geringerer als Helmut Schön. Der „Mann mit der Mütze" stammte zwar aus Dresden, wohnte aber in Wiesbaden. „Wir hatten ein nettes Verhältnis", erinnert sich der damalige Mannschaftskapitän Albert Schmidt heute noch gerne an die Saison 51/52 unter Schön, die mit Platz neun in der zweiten Liga Süd endete. Schön betreute später zunächst die Auswahl des damals autonomen Saarlands – „Wir sind öfter mit ihm nach Saarbrücken gefahren" (Schmidt) – und wurde 1964 als Nachfolger von Sepp Herberger, dem „Helden-Vater von Bern", deutscher Fußball-Nationaltrainer. Sein größter Sieg ging ebenfalls in die Fußball-Geschichte ein: 1974 wurde die deutsche Fußballnationalelf unter Helmut Schön Weltmeister.

Die SVW-Junioren am 15. August 1947 nach einem 11:2-Sieg gegen Rot-Weiß Wiesbaden: von links, stehend: Obmann Höfer, Born, Safran, Albert Schmidt, Schlotter, Back, Betreuer Safran Sen.; Mittelreihe: H. Müller, Klemm, Bauer; kniend: Rücker, Migge, Gilles

Alpenvorbereitung im Morgenbachtal

Wer die Berge liebt, findet sie auch vor seiner Haustür. Selbst von Wiesbaden aus. Die Kletterriege der Sektion Wiesbaden des deutschen Alpenvereins hat es in den Nachkriegsjahren vorgemacht.

„Jedes Jahr von Frühjahr bis Spätsommer sind wir mit der Personenfähre von Assmannshausen nach Trechtingshausen übergesetzt", erklärt Sportkletterer Paul Schmidt (72) die übliche Ausflugsroute. Auf der anderen Rheinseite sind er und seine Kletterkameraden dann stets „ins herrliche Morgenbachtal gewandert, um unsere Kletterkünste zu prüfen." Die Umstände waren bescheiden: „Auf einem Bauernhof in der Nähe konnten wir auf Heu und Stroh übernachten." Dennoch erinnert sich Schmidt gerne und voller Enthusiasmus an die rheinischen Klettertouren: „An dem 35 m hohen Felsen haben wir all das üben können, was wir später an den Bergen in den Alpen benötigten."

▲ ***Mutig bergauf:* *Paul Schmidt 1949 beim Klettern im Morgenbachtal***

„Hol über" zum „Berg heil": Mit der Fähre zum Kletterfelsen. Paul Schmidt (3. v. l.) und seine Sportfreunde von der Kletterriege des deutschen Alpenvereins (1949)

► ***Steil am Seil: Paul Schmidt 1949 beim Abseilen im Morgenbachtal***

Jeden zweiten Tag ein Gipfel

Dass Schmidt und seine Kameraden Karl, Willi und Ernst auch in den Alpen klar kamen, zeigen Fotos von einer Klettertour 1949: „Unser Kletterführer Heinrich hatte in Vorarlberg sieben Gipfel geplant. Mitte August fuhren wir mit der Bahn nach Oberstdorf, von wo aus wir von Hütte zu Hütte wanderten." Jeden zweiten Tag wurde ein Gipfel gestürmt, darunter das Hohe Lich und der Hochvogel. Schmidts Erinnerungen sind noch so frisch, wie der Schnee, der damals zehn Zentimeter hoch schon im August fiel. Auch 1950 bestieg die Gruppe sieben Gipfel, darunter auch über den „gefährlichen Silvretta-Gletscher" den fast 4000 m hohen Piz Puin: „Wir übernachteten auf der Wiesbadener Hütte. Herrlich die Natur. Hoch die Berge."
Doch nicht nur schöne Ereignisse prägen sich ein. Ihm

Bergtour in Vorarlberg: Gipfelrast auf dem Hohen Lich (1949)

„Meine Ursula", Schwimmerin am Rhein

Die Seilschaft auf dem Silvretta-Gletscher: Ernst, Heinrich, Paul (3. von links) Walter und Horst

ist auch das Stuttgarter Ehepaar noch gegenwärtig, das vorm Prinz-Loiboldt-Haus seine Silberhochzeit feiern wollte – aber bei heftigem Gewitter 500 Meter vor dem Ziel vom Blitz erschlagen wurde.

Mehr Glück hatte Paul Schmidt, der 1951 seine Frau Ursula kennen lernte, mit der er die folgenden 52 Jahre bis heute zusammen bleiben sollte.

Olympia-Qualifikation im Kurgarten

Spitzensport wurde in Wiesbaden schon 1952 als „Event" zelebriert

So wie 2004 war auch 1952 ein Olympisches Jahr. Und so wie in diesem Jahr alle Sportinteressierten schon jetzt nach Athen schauen, ging der Blick vor 52 Jahren gen Helsinki. In der finnischen Hauptstadt fanden vom 19. Juli bis zum 3. August die Spiele der XV. Olympiade der Neuzeit statt. Für deutsche Sportler war es die erste Möglichkeit nach dem Zweiten Weltkrieg, sich wieder daran zu beteiligen, denn 1948 in London war Deutschland noch nicht teilnahmeberechtigt gewesen. „Helsinki ruft die Jugend der Welt. Diesmal auch die deutsche", brachte es August Duhm, der 1. Vorsitzende des Turnerbundes Wiesbaden, auf den Punkt.

Ein Teil der Vorbereitungen auf die Weltspiele fand in Wiesbaden statt. Die hessische Landeshauptstadt war an Pfingsten Schauplatz der Olympiavorberei-

Turnen im Park: Werner Braun beim Abgang von den Ringen

Robert Klein „beim Landeanflug"

tungen von Reitern und Radfahrern gewesen, und sie stand am 7. und 8. Juni 1952 im Zeichen der Kunstturner. Nach Ausscheidungskämpfen in Heidelberg und Frankfurt richtete der Deutsche Turner-Bund (DTB) im Kurhausgarten sein drittes von vier Ausscheidungsturnen für die Olympiakernmannschaft aus. Der damalige DTB-Bundesvorsitzende Walter Kolb, zugleich Oberbürgermeister von Frankfurt, begrüßte seinerzeit ausdrücklich, dass der Wettkampf in Wiesbaden stattfindet: „Das Weltbad möge erkennen, dass Gesundheitspflege mit Körperkultur und Körperschulung Hand in Hand gehen muss!"

Meisterturner ohne Fußzehen

Vorbereitung und Durchführung des sportlichen Großereignisses war Sache des Wiesbadener Turnerbundes. Die sportliche Leitung lag in den bewährten Händen von Landesoberturnwart Peter Schick, nach dem heute die Turnhallen des Vereins benannt sind.

Die Gymnastikriege des Wiesbadener Turnerbunds trat vor der Konzertmuschel im Rahmenprogramm auf

Die „Top Ten" beim vorolympischen Ausscheidungsturnen nehmen Aufstellung

Zum Zwölfkampf im Kurgarten traten bei teilweise schlechten Witterungsbedingungen 16 Turner an, von denen sich zwölf für die Endausscheidung in Berlin qualifizierten. Sie mussten an Pferd seit, Reck, Ringe, Boden, Pferd längs und Barren jeweils Pflicht und Kür turnen. Während sich die Geräte bis heute nicht geändert haben, erscheint das Alter der Athleten aus heutiger Sicht ungewöhnlich hoch: Die meisten waren 29 Jahre alt, viele schon über 30 und selbst Alfred Schwarzmann vom MTV Goslar, 1936 Olympiasieger im Zwölfkampf, Pferdsprung und mit der Mannschaft, trat mit seinen 40 Jahren noch einmal an. Die Kurzporträts der Sportler erinnern an die Zeiten, in denen geturnt wurde: So verlor Hans Pfann aus Neuötting im Krieg die Zehen eines Fußes und wurde trotzdem Meisterturner – sein bestes Gerät waren freilich die Ringe.

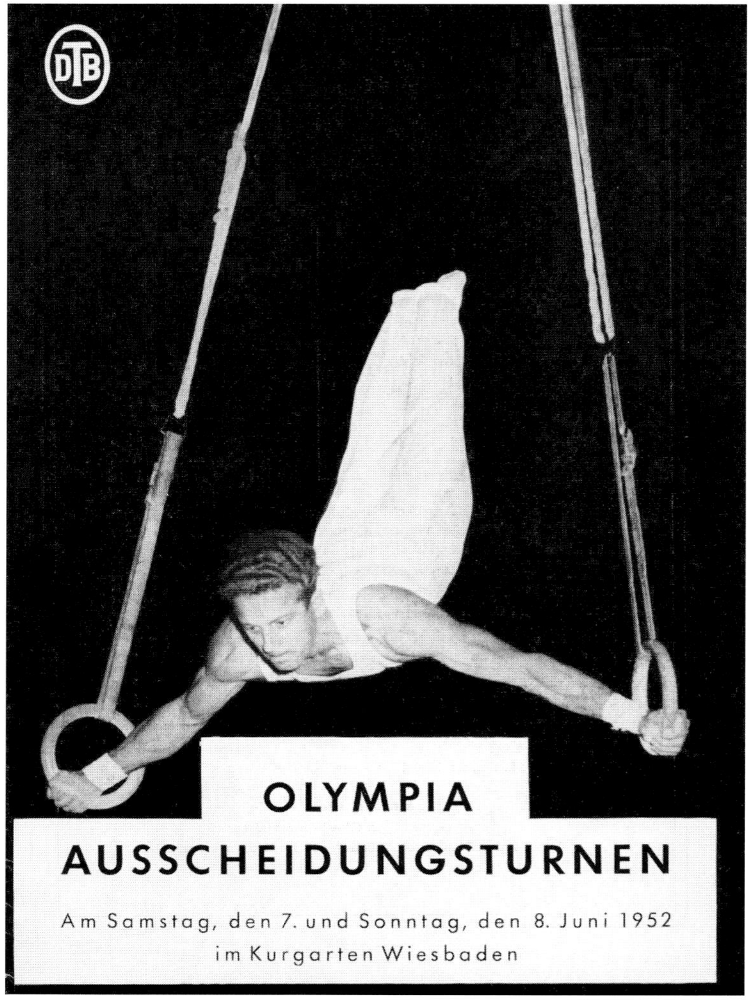

Programmheft zum Ausscheidungsturnen

Darbietungen und Tanz

Dass aber auch in den 50er Jahren Sportveranstaltungen schon als „Event" durchgeführt wurden, belegt ein Blick ins Veranstaltungsprogramm. Am Samstag wurde nach den Pflichtübungen ein „Illuminationsabend" im Kurgarten angepriesen. Die Gymnastikgruppen unter der Leitung von Peter Schick zeigten „turnerische und gymnastische Darbietungen" und anschließend gab es „Tanz im Freien". Am Sonntag wurde die Vorstellung der Endkampfteilnehmer mit dem Festmarsch von Ludwig van Beethoven untermalt. Es spielte das Orchester Wiesbadener Berufsmusiker unter der Leitung von Wilhelm Ochs.

Sieger des Wiesbadener Turnwochenendes wurde Adalbert Dickhut aus Köln, der damals als „bester Zwölfkämpfer im gemischten Mehrkampf" angekündigt worden war, vor Helmut Bantz aus Langerfeld. Heinz Schnepf aus Bad Kreuznach wurde Neunter. Einheimische Athleten waren nicht am Start. Schwarzmann belegte den 5. Rang und qualifizierte sich leicht für Helsinki, wo er 16 Jahre nach seinen drei Goldmedaillen von Berlin mit einer Silbermedaille am Reck die einzige deutsche Kunstturnmedaille gewinnen sollte.

Vorwärts und rückwärts durch den Schiersteiner Hafen

Die komplette Achter-Besatzung fuhr mit 30 PS über die Alpen

Eines der größten Ärgernisse, mit dem Wassersportler leben müssen, ist die laienhafte Verwechslung von Kanuten mit Ruderern. Dabei ist es gar nicht so schwer: die einen sitzen im Kajak, fahren vorwärts und „paddeln", während die anderen im Ruderboot sitzen, rückwärts fahren und „rudern". Beim 1921 gegründeten Wassersport-Verein Schierstein (WVS) gab es beide „Fakultäten", wie der Vorsitzende Lothar Weckerling (59) die Vertreter der „Glaubens-Richtungen" nennt, wobei sich die Schwerpunkte mittlerweile eindeutig zu Gunsten des Kanu-Sports verlagert haben.

In den 50er Jahren war das anders. Als der Sportbetrieb nach dem II. Weltkrieg langsam wieder ins Leben gerufen wurde, hatten die Ruderer mehr Schlag bei den Schiersteinern. Die ersten Boote, die 1949 angeschafft wurden, waren Ruderboote. Und schon 1951 erfüllte sich „der Traum eines jeden Rudervereins" – erstmals konnte der WVS einen Achter taufen. Nicht unerheblich für diese Entwicklung war die Ruderleidenschaft von Glyco-Miteigentümer Hanns Georg Schoof, der selbst ruderte und als Mäzen und Präsident dem Wassersportverein verbunden war.

Wassersport - Verein Schierstein 1921 E. V.

Auf zum

Schiersteiner Hafenfest!

Samstag, den 20. August 1949:

17.30 Uhr **Bootstaufe**, anschließend Bootsauffahrt im Hafen
Stadt-Achter um den Wanderpreis der Stadt Wiesbaden
20.00 Uhr **Tanz im Freien** verbunden mit
HEISS ODER KALT wertvolle Preise
Große Illumination - Lampionfahrt auf dem Hafen

Sonntag, den 21. August 1949, von 15 Uhr:

Achter-, Vierer-, Faltboot-, Wasser-Ski-, Jonson-Motorboot- u. Olympia-Jollen-Rennen ⋆ **Dreibord Rennen der Schiersteiner Fischer** ⋆ **Wasserballspiel** ⋆ **Fischerstechen** ⋆ **Staffelwettkämpfe humoristische Schwimmeinlage** ⋆ **Wasser-Ski-Rennen hinter Jonson-Schnellbooten** (Dr. Holzmann, Frankfurt und Emil Halter, Schierstein) ⋆ **Schanzenspringen**
20.00 Uhr **Tanz im Freien**
Illumination - Lampionfahrt auf dem Hafen

Es ladet freundlichst ein
Wassersport-Verein Schierstein 1921 E.V.

Das erste Hafenfest 1949 organisierte der Wassersportverein. Hier das Ankündigungsplakat

Saisoneröffnung 1953. In der Mitte strahlt WVS-Legende Engelbert Kah, der bis ins Alter ein erfolgreicher Wassersportler war

Mit 30 PS über die Alpen

In der Besetzung Kleinrath, Hüninghaus, Leininger, Petzold, Adolf, Wilker, Weiler, Seufert mit Steuermann Rudi Preusser gewann der WVS-Achter 1953 in Bad Ems seine erste Regatta und startete noch im gleichen Jahr zur ersten Auslandsreise. Als Vertreter des Hessischen Ruderverbands machte sich die Crew auf den abenteuerlichen Weg über die Alpen zu einer internationalen Regatta in Lecco.

Acht Hünen plus Steuermann mühten sich in einem gerade mal 30 PS starken VW-Bus über den St. Gotthardpass. Trotz defekter Bremsen, versagender Kupplung und einiger Zollprobleme kam der WVS-Achter in Italien an und unterlag dort – unter den Augen von 50 nachgereisten Schiersteiner Schlachtenbummlern – nur knapp einem jugoslawischen Boot.

Stil-Rudern für die Damen

Auf dem heimischen Schiersteiner Hafengewässer hatte schon 1951 die Emanzipation der Frauen begonnen, als der erste Mädchen-Vierer gebildet wurde. Allerdings musste das schwache Geschlecht zunächst mit aus Vorkriegszeiten stammenden Gig-Booten vorlieb nehmen, ehe „Maria", das erste Frauen-Skull-Boot, getauft wurde.

Außerdem durften sie nur „Stil-Rudern": „Dabei kam es auf die saubere Ausführung der Bewegung an, der Schlag musste stimmen", erklärt Vorstandsmitglied Irmgard Hassenbach (58) die Zeit, als für die Frauen noch keine Wettkampf-Rennen vorgesehen waren.

Leinen los für den Damenvierer: Trainer Krüger 1951 an Bord mit Annemarie Lappes, Hildegard Tietz, Fräulein Kern und E. Schmidt

Bootstaufe C-Vierer „Maria": Heinrich Mahl, Maria Daelen, Josef Hennemann, Karl Gruber

Rolf Rammelt, der erste Star im Hafen

Mitte der 50er Jahre kippte dann der Schwerpunkt im WVS zusehends vom Rudern zum Paddeln. Zunächst gab es nur Kanuwandersport, doch dann zusehends auch Kanurennsport. Der erste Star des Vereins – der freilich nie einer sein wollte – war Rolf Rammelt. Er gewann 1957 in Lübeck als vor Kraft strotzender 17-Jähriger im Einer-Kajak über 500 m die erste Deutsche Meisterschaft für den WVS. Mittlerweile haben die Vereinsmitglieder 140 Titel in allen Altersklassen zusammengefahren.

Neben Kanuten und Ruderern bildeten einst auch die Schwimmer eine starke Abteilung. Wobei die Zeit als im Hafen geschwommen werden durfte 1952 mit einem Badeverbot aus Gesundheitsgründen jäh endete. Nach anfänglichen Protesten – der WVS-Vorsitzende Karl Sieben erklärte damals: „Wir haben in unserem Bad bis zu 1000 Kindern einen Tummelplatz geboten. Sie waren von der Straße weg und standen unter Aufsicht" – wurden stattdessen bald danach „jeden Dienstag zwei Busse gechartert, die die Kinder ins Hallenbad brachten", wie sich Irmgard Hassenbach erinnert: „Halb Schierstein hat so schwimmen gelernt."

Vom Hafen und mit dem Hafen leben

Heute gehört noch eine Segel- und Motorbootabteilung zum Verein, der „vom Hafen und mit dem Hafen lebt", wie es Lothar Weckerling ausdrückt. Schließlich bietet das stille Wasser optimale Bedingungen und sogar eine eingemessene Regattastrecke mit neun Bahnen über 1000 m und einen Rundkurs über 6000 m.

Mit dem Achter über die Alpen: die Schiersteiner Rudermannschaft 1953 auf Auslandstour

Im und am Hafen weiß sich der WVS in guter Nachbarschaft mit vielen anderen Vereinen: Wiesbadener Jachtclub, Schwimmclub Wiesbaden, Motorbootclub Mittelrhein, Wassersport Wiesbaden und nicht zuletzt die Rudergesellschaft Wiesbaden-Biebrich teilen sich heute den Sport- und Freizeithafen, der einst als Schutzhafen konzipiert war und in dieser Funktion zuletzt beim großen Eisgang 1956 gebraucht wurde. Am 20. August 1949 freilich war der WVS alleiniger Wiederbegründer einer Tradition, auf die Weckerling und Co. noch heute stolz sind: das erste Schiersteiner Hafenfest nach dem Zweiten Weltkrieg war eine Veranstaltung des Wassersport-Vereins mit Attraktionen wie Faltbootrennen, Fischerstechen und Schanzenspringen.

Der erste Deutsche Meister vom Wassersport-Verein Schierstein: Rolf Rammelt 1957 in seinem Einer-Kajak

Übrigens sagen die Wassersportler: Wer paddeln kann, kann auch rudern. Aber wer rudern kann, kann noch lange nicht paddeln: Der fällt beim ersten Kajak-Versuch trotzdem ins Wasser. Ein Grund für die ewige Verwechslung ist das aber auch nicht.

Die „Sturmvögel" machten Wiesbaden zur Radsportstadt

Als die Radfahrer ihre Ersatzschläuche noch um die Schulter trugen: Start am Luisenplatz zur Drei-Etappen-Fahrt 1952

RSK-Radler erstrampelten sich Siege und organisierten Rennen

„Deutschlands erfolgreichste Radamateure haben ihre Heimat in Wiesbaden." Eine Schlagzeile wie ein Fanfarenstoß, eine Bilanz, die sich sehen lässt. Die Radler des RSK „Sturmvogel" Wiesbaden erstrampelten sich im Jahre 1950 nicht weniger als 87 Siege, 95 zweite und 55 dritte Plätze. Zudem veranstaltete der Verein um den Vorsitzenden Carl Naß, Schriftführer Hans Weber und Rennfahrwart Hans Hundertmarck gleich sechs Rennen in einem Jahr selbst. Es gab so illustre Veranstaltungen wie im März 1950 das „Geschäftsradrennen um das Finanzamt", aber auch größere Radpreise wie die Bezirksmeisterschaft im 100-km-Straßenfahren oder die Drei-Etappen-Fernfahrt Wiesbaden–Wetzlar–Wiesbaden. Sieger dabei war im Mai 1950 kein Geringerer als der Frauensteiner Franz Reitz, der später sogar an der Tour de France teilnahm und nach seiner aktiven Zeit sein Radsport-Wissen in ein noch heute in der Saarstraße existierendes Fahrrad-Fachgeschäft umsetzte.

Wanderpreis des Wiesbadener Tagblatts

Den „Wanderpreis des Wiesbadener Tagblatts" gewann ebenfalls ein Einheimischer, nämlich Sturmvogel-Fahrer Wilhelm Grunewald. Doch die Straßenasse aus der Kurstadt konnten nicht nur zu Hause gewinnen. Beim ersten Auslandseinsatz der Sturmvögel gewann Franz Reitz bei der Vier-Etappen-Tour „Rund um Vorarlberg" eine Etappe und das Gesamtklassement. Valentin Petry belegte hier den dritten Platz, doch in der

Vorbilder und Nachwuchs

Jahresendwertung sammelte er 1950 mit neun Siegen, sechs zweiten und fünf dritten Plätzen 233 Wertungspunkte und übertraf sogar noch seinen Vereinskollegen Franz Reitz (181 Punkte). Auch auf der Bahn feierten die Wiesbadener Erfolge. Erich Barth errang 1950 gleich 20 Siege in einer Saison. Das „Internationale Nachtrennen" auf der Bahn an der Waldstraße entpuppte sich allerdings als Mogelpackung, da die Schweizer und Franzosen ihren Startverpflichtungen nicht nachkamen und die deutschen Radler unter sich blieben.

Drei- und Sechs-Etappen-Fahrten

Größeren internationalen Andrang erlebte Wiesbaden bei der Drei-Etappen-Fahrt 1952, als Fahrer aus sieben Nationen am 31. Mai um 11 Uhr beim Startschuss auf dem Luisenplatz die Tour über „Hohe Wurzel" und Feldberg in Richtung Wetzlar in Angriff nahmen. Das kleine Luxemburg gewann damals die Nationenwertung vor Deutschlands B-Team, Österreich und der Schweiz. Gesamtsieger wurde der Belgier Marcel Janssens.

1953 richtete der RSK Sturmvogel unter der Regie von Adolf Schön und dem RSK-Vorsitzenden Egon Vomfell dann schon eine Sechs-Etappen-Fahrt über 1200 Kilometer aus, „eine einzigartige europäische Prüfung für Straßenamateure", wie die Presse damals jubelte. 39 Fahrer aus 13 Mannschaften, darunter acht aus dem benachbarten Ausland, nahmen die Herausforderung um den „Großer BDR-Preis" auf. Franz Reitz startete nur für Deutschland B, da ihm seinerzeit „eine augenblickliche Krise" attestiert wurde.

Sponsoring wurde groß geschrieben

Start war am Pfingstsonntag auf dem Elsässer Platz. Die „Dunlop-Etappe" führte die Fahrer über den Feldberg, wo es den „Durex-Bergpreis" zu gewinnen gab, über 145 km nach Wetzlar. Dort startete am zweiten Tag die „Coca-Cola-Etappe" über 162 km bis Lollar. Wer bisher dachte, Sport-Sponsoring sei ein Zeichen unserer Zeit, ist spätestens jetzt wiederlegt. Die Ziellinie lag eine Woche später übrigens auf der Aschenbahn des Wiesbadener Stadions. 20 Fahrer kamen an, die letzte Halb-Etappe gewann der Deutsche Meister Walter Becker, Gesamtsieger wurde nach 38 Stunden, 11 Minuten und 57 Sekunden sein Teamkollege Paul Maue – mit ganzen 14 Sekunden Vorsprung auf Becker. Ein gewisser Hennes Junkermann wurde trotz Gabelbruch und acht Reifenschäden als 19-Jähriger Jungfahrer Gesamtsechster. Der Wiesbadener Walter Hundertmarck stand als einziger Regionalfahrer trotz Drüsenschwellungen die große Prüfung durch.

Radsportstadt Wiesbaden: in den 50er Jahren Ausgangspunkt zu zahlreichen Rundstreckenrennen

Bei dem vom RC 07 Nerotal ausgerichteten Rennen „Rund um Wiesbaden" belegte Hundertmarck zum Saisonabschluss im Oktober 1953 noch einmal einen hervorragenden sechsten Platz. Lokalmatador Franz Reitz, der zweimalige Hessische Bergmeister, feierte freilich einen noch gelungeneren Saisonabschluss: Vor 6000 Zuschauern gewann er nach 50 Runden (100 km) zwischen Wilhelminenstraße, Nerotal und Stiftstraße dank seines beherzten Endspurts mit zwei Radlängen Abstand vor dem Frankfurter Lattemann und Walter Becker. „Stürmisch wurde der Frauensteiner Franz Reitz von den Tausenden gefeiert", schrieb das Tagblatt. Es war wahrlich eine große Zeit des Radsports in Wiesbaden.

Bandenwerbung schon in den 50er Jahren: „Köstlich Coca-Cola"

Bierstädter Fahrstunden mit Ball und Schläger

Arthur Seib erfand einst Radpolo als elegantere Radball-Variante für Frauen

Ein Schlüsselereignis für die Radball- und Kunstradszene in Wiesbaden-Bierstadt ereignete sich nach einer Bombennacht im Februar 1945. Arthur Seib und andere unerschrockene Helfer retteten die Sporträder des Radfahrclubs (RC 1900) aus der zerbombten Athleten-Halle und stellten sie unversehrt in der Scheune von Karoline Stiehl in der Erbenheimer Straße unter. Der Radsportbetrieb konnte weiter gehen.

Zwar war der Verein aufgelöst und die Halle unbenutzbar, aber dank der von Karl Wex behelfsweise gegründeten „Sportgemeinschaft Bierstadt" und der geschickten Aufbauarbeit von Arthur Seib waren die Radsportler bald wieder eine recht aktive und erfolgreiche Sparte: Heinz und Kurt Epple wurden noch 1945 Süd-Meister im 2er-Kunstradfahren und Walter Liesenfeld/Ernst Fraund rückten zur deutschen Spitzenklasse im Radball auf. Und das, obwohl „Fahrstunden", wie die Bierstadter ihre Trainingseinheiten nannten, nur auf dem Schulhof durchgeführt werden konnten und das auch nur bei entsprechendem Wetter.

Ohne Bremsen aufs Feld

Aber wer Radball spielt, darf nicht zimperlich sein. Die originelle Mischung aus Radfahren und Ballsport wird mit Spezialfahrrädern ohne Bremsen gespielt. Auf einem 9 mal 15 Meter großen Feld treten Zweierteams gegeneinander an, wobei beide Spieler sowohl Torwart als auch Feldspieler sind. Beim Versuch, Tore zu schießen, dürfen sie den 600 Gramm schweren Ball mit dem Rad und dem Körper spielen, nicht jedoch mit Händen oder Füßen.

Frauen gibt es nicht beim Radball, sie spielen Radpolo. Bei der Einführung dieser Variante waren die Bier-

Wer Radball spielt, darf nicht zimperlich sein, und muss sein Spezialrad ohne Bremsen beherrschen: die Bierstädter Gerhard Seib (ganz links) und Wilfried Rossmann (Mitte) beim prestigeträchtigen Städtekampf gegen Offenbach

Frauen schwingen den Schläger: Radpolo, eine Bierstädter Sporterfindung

städter maßgeblich beteiligt. „Es sollte eleganter sein als Radball", erinnert sich Gerhard Seib (66), der Sohn von Bierstadts Radball-König Arthur an die Überlieferungen. Seib senior orientierte sich bei seiner Erfindung am englischen Adel, wo seit jeher Polo schick war und ersetzte das Pferd durch das Fahrrad. Fertig war das Spiel, das 1941 offiziell anerkannt wurde. Seitdem schlagen Zweier-Frauenteams einen 200 Gramm schweren Ball mit etwa 80 bis 90 Zentimeter langen Stöcken über die Hallenfelder.

„Da stehen sie, strahlend und glücklich"

Die Bierstädter Erfindung fand schnell ihre Liebhaber, nicht zuletzt in der eigenen Stadt. 1948 und 1950 wurden Abel/Wiedemann vom RC Stephan Wiesbaden jeweils Deutsche Meisterinnen im Radpolo. „Und da stehen sie, strahlend und glücklich", bemerkte der damalige Tagblatt-Chronist, der ihnen noch am Gleis des Hauptbahnhofs Blumengrüße der Heimatzeitung überreichte.

Gerhard Seib war zu jener Zeit schon längst eingefleischter Radballer. Wie jeder Junge fuhr er als Kind gerne Fahrrad und hatte auch gelegentlich Fußball gebolzt. Doch dank des väterlichen Vorbilds landete er schnell beim Radball. Zusammen mit seinem Partner Wilfried Rossmann (67) bildete er ab Mitte der 50er Jahre bis spät in die 60er ein erfolgreiches Doppel. Hessenmeister, Süddeutscher Meister, er will die Erfolge nicht zu hoch hängen. Lieber lobt er seine Vorbilder: „Ernst Fraund und Emil Seulberger, das waren die Lehrmeister für die Bierstädter Radball-Jugend." Unvergessen sind für ihn die internationalen Spiele gegen Kopenhagen, Straßburg und Gent, der heutigen Partnerstadt Wiesbadens sowie die prestigeträchtigen Drei-Städte-Kämpfe zwischen Wiesbaden, Frankfurt und Offenbach.

Vom „Bären" zum „Adler"

Längst musste auch nicht mehr auf dem Schulhof gespielt werden. 1950 avancierte der „Bären" zum Vereinslokal und dessen Saal zur Trainingsraum. Drei Jahre später wurde dann der Saalbau „Adler" zu einer Radsporthalle umgebaut. Es begann die große Zeit des Vereins: „Man war weit über die Tore Wiesbadens bekannt und erfolgreich. Bierstadter Radballmannschaften waren in allen Klassen vertreten. Siege bei Hessenmeisterschaften, Stadtmeisterschaften und vielen Turnieren wurden an die Fahnen des RC 1900 geheftet", vermerkt die Vereinschronik mit berechtigtem Stolz.

Auch 5er-Radball auf Handballfeldern und 6er-Radball im Freien wurde eine Zeit lang gespielt, doch diese Varianten haben nicht überlebt. Radball und Radpolo sind dagegen heute noch Wiesbadener Spiele. Neben Bierstadt, das mittlerweile vor allem auf seine starken Frauen setzt, sind Dotzheim, Naurod und Kostheim Hochburgen dieser Ra(n)dsportarten. Gut, dass nach der Bombennacht die Räder in Sicherheit gebracht wurden.

Großer Bahnhof für die deutschen Radpolo-Meisterinnen. Das Duo Abel/Wiedemann vom RC Stephan Wiesbaden wurde bei der Rückkehr von den Titelkämpfen 1950 mit Blumensträußen empfangen

„Der Weg des Ritters" in Wiesbaden

Otto Schmelzeisen gründete den JCW 1922 als zweiten Judo-Club Deutschlands

Der große Kurhaussaal war ausverkauft und bildete die glanzvolle Kulisse bei der ersten Judo-Großveranstaltung mit japanischen Gästen in Wiesbaden. Es war 1951 und „Japaner in der Stadt" ein besonderes Ereignis, wie sich Zeitzeugen erinnern.

Zumal es nicht einfache Touristen waren, die mal schnell das Kurhaus fotografierten und weiterfuhren. Delegationsleiter Risei Kano war der Präsident der internationalen Judo-Federation und Sohn von Professor Jigoro Kano, der wiederum als Begründer des modernen Judos gilt. In Kanos Gefolge kamen weltbekannte Judomeister in die Kurstadt, darunter Weltmeister Daigo, und demonstrierten ihre Bewegungskunst in Vollendung. „Die gesellschaftliche Stellung des Judosports war nachhaltig gesichert", so die Vereinschronik des Judo-Club Wiesbaden (JCW).

Wir zeigen Bein: Otto Schmelzeisen demonstriert mit seiner Frau Elfriede einen Armhebel. Der Judoclub Wiesbaden warb schon früh mit Selbstverteidigungskursen

Zwei Judo-Heroen: Otto Schmelzeisen und Willi Kahlert

Der spätere Judo-Bundestrainer Werner Ruppert war damals erst elf Jahre alt und hat das Ereignis „nicht unmittelbar mitbekommen." Dennoch wurde der Wiesbadener in den 60er Jahren mit vier deutschen Meistertiteln und dem Gewinn der Mannschaftseuropameisterschaft zu einem der erfolgreichsten Judoka Deutschlands.

Untrennbar mit der deutschen Judo-Geschichte stehen in jener Zeit allerdings zwei andere einheimische Namen in Verbindung: Otto Schmelzeisen (1892–1983), der geistige Vater aller Wiesbadener Judo-Sportler, und Willi Kahlert. Schmelzeisen war 1920 als junger Polizist im Rahmen eines Ausbildungslehrgangs mit Jiu-Jitsu, der Kunst der waffenlosen Selbstverteidigung, aus der Professor Kano später Judo entwickelte, in Kontakt gekommen. Schmelzeisen war zudem ein enger Vertrauter und Weggefährte des Frankfurters Alfred Rohde, der Jiu-Jitsu und Judo in Deutschland überhaupt erst eingeführt hatte. Schon 1922 gründete Schmelzeisen den Judo-Club Wiesbaden, es war erst der Zweite überhaupt in ganz Deutschland.

Vereins-Wiederaufbau nach dem Weltkrieg

Nach dem Zweiten Weltkrieg baute er seinen Verein ein zweites Mal auf. Die Alliierten hatten den Kampfsport zunächst verboten, erst 1948 war die Ausübung wieder erlaubt. Schmelzeisen, nach dem heute der Übungsraum (Dojo) des JCW in der Halle am Konrad-Adenauer-Ring benannt ist, führte den Judo-Club bis 1954 und wirkte auch danach noch als charismatischer Lehrmeister auf seine ungezählten Schüler.

Eine zweite Judo-Hochburg stellte Biebrich dar. Schon vor dem Krieg gab es Judo in der Betriebssportgruppe bei Kalle-Albert, wobei Willy Kahlert als Trainer fungierte. Er war es auch, der 1946 eine Judo-Abteilung innerhalb der Sportgemeinschaft Biebrich gründete, Judo wurde allerdings nur als Gewandtheitssport ausgeübt. 1950 siedelte die Abteilung dann geschlossen zum TV Biebrich über und feierte hier in den 50er Jahren große Erfolge im Kampfsport Judo: so wurde Kahlerts Sohn Klaus 1955 Deutscher Jugendmeister in der Klasse bis 70 kg.

Handwurf vom großen Meister: Otto Schmelzeisen wirbelt seinen Partner über die Matte

Frühere Titel blieben den Biebrichern versagt, denn erst 1953 wurde der Deutsche Judo-Bund gegründet und deshalb gab es vorher auch keine Deutschen Meister. 1957 und 1958 wurde dann Dieter Grüger (JCW) in der Klasse bis 55 kg zweimal Deutscher Jugendmeister und auch sein Clubkamerad Günter Baumann gewann einen Titel. Gleichzeitig beschritt der JCW damals bereits den „zweiten Weg" und bot Kurse für Judo und Selbstverteidigung auch für Nichtmitglieder an.

Budo ist mehr als Judo

Heute wirbt der JCW für sich mit dem Zusatz: „Fachverein für Budosportarten". Oft wird deswegen gefragt, ob es sich um einen Druckfehler handelt, doch Budo ist der Sammelbegriff aller japanischen Kampfsportarten, Selbstverteidigungsformen und Waffenkünste. Dazu gehören auch Aikido, Ju Jutsu, Kendo und Kyudo. All diese Bewegungsformen waren Ritterkünste in der japanischen Feudalzeit und werden im 21. Jahrhundert beim JCW gelehrt. Eng verbunden mit Budo ist Bushido, der Ehrenkodex der Samurai und die geistige Grundlage des Ganzen ist der Zen-Buddhismus. Übersetzt heißt Budo: „Der Weg des Ritters".

Man muss kein japanischer Philosoph sein, um Judo und Co. auszuüben, meint Werner Ruppert, doch ohne Offenheit gegenüber fernöstlichen Gedanken geht es auch nicht. Wobei die Übersetzung der japanischen Regeln in deutsche Alltagssprache eher preußisch anmutet: Respekt, Höflichkeit, Wertschätzung, Selbstbeherrschung, Hilfsbereitschaft, Ernsthaftigkeit, Ehrlichkeit, Mut, Bescheidenheit, sind die „neun Gebote" der Budosportarten.

Etikette werde gewahrt

Diese Umgangsformen, so Ruppert: „sind für Eltern durchaus ein Argument dafür, ihre Kinder bei uns anzumelden." Der Diplom-Sportlehrer aus Klarenthal will die charakterlichen Voraussetzungen, die an seinen Sport gebunden sind, zwar nicht zwingend Gebote nennen, aber als Werte und Richtlinien hält er sie schon für unumgänglich: „Die Etikette müsse gewahrt werden."

Er selbst hatte sich 1958 aus Neugier dem JCW angeschlossen und bis heute den „sanften Weg" erfolgreich beschritten. Der 63 Jahre alte 63-Kilo-Mann war Leiter des Bundesstützpunkts in Rüsselsheim, Bundestrainer des Frauen-Nationalteams und 23 Jahre lang Trainer der JCW-Bundesliga-Mannschaft. Worauf er besonders stolz ist: „Wir sind Gründungsmitglied und seit 1970 ununterbrochen dabei, sind also der Hamburger SV des Judosports." Beim HSV spielt auch ein Japaner, aber das ist eine andere Geschichte.

Deutscher Jugendmeister 1955: Klaus Kahlert

Hohe Hürden für Polizisten

Grün-Weiß musste Zulassungsprobleme meistern

Organisiertes Sporttreiben war nach dem Zweiten Weltkrieg nicht nur eine Willenserklärung, sondern auch ein komplizierter Verwaltungsakt. In Wiesbaden hatte der Sport- und Spielbetrieb wie im gesamten Land während des Krieges brach gelegen. Die Vereine waren vom Naziregime gleichgeschaltet worden. Sportler wurden Soldaten, an Spiel nicht zu denken. Nach dem Krieg wurden dann im Zuge der Entnazifizierung Deutschlands alle Vereine von den Alliierten zunächst einmal aufgelöst.

Sportler, die das Vereinsgeschehen wieder aufleben lassen wollten, mussten Verhandlungen mit der Militärregierung führen und dann noch vom jeweiligen Landessportbund anerkannt werden. Ende 1945, Anfang 1946 fanden auf Betreiben der Amerikaner erste Gespräche statt.

Unter besonderer Beobachtung

Besonders hohe Hürden mussten dabei der Polizei-Sport-Verein Grün-Weiß Wiesbaden überwinden, der seit 1925 existierte, während der Nazizeit als „Sportgemeinschaft Ordnungspolizei Wiesbaden" firmierte und nach dem Krieg unter besonderer Beobachtung stand. Zwar erhielt der PSV, der nach geltender Meinung zu den nationalsozialistischen Vereinigungen gezählt worden war, am 8. November 1947 vom „Minister für Wiederaufbau und politische Befreiung" den Entnazifizierungsbescheid. Die offizielle Erlaubnis zum Sporttreiben bedeutete dies aber noch lange nicht

Am 12. April 1946 bat der Verein in einem Schreiben an den „Stadtverband für Leibesübungen" seinen Spielbetrieb wieder aufnehmen zu dürfen. Danach musste ein „Bewerbungsantrag zur Bildung eines Erwachsenenclubs" zweisprachig bei den Amerikanern eingereicht werden, in dem die vorgesehenen Sportarten –

Als die Polizisten endlich mitspielen durften: Grün-Weiß-Handballteam 1951

Stadt- und Landverband für Leibesübungen / Wiesbaden

Fachschaft: Allgemein

Den 13. April 1946

An

Oberbürgermeister 1o Polizeipräsident - S -

Betr.: Wiederzulassung des Polizeisportvereins
Bezug: Ihres Schreibens vom 12.4.46

Die Genehmigung sporttreibender Vereine, wird über Amt für Leibesübungen (Dir. Philippi) Wiesbaden, Schützenhofstrasse 4 beantragt. Die Zulassung erfolgt dann über die Milit.-Reg. und das Grosshess.-Kultusministerium. O.bez, Org. ist der freiwillige Zusammenschluss aller sporttreibenden Vereine Wiesbaden u. Umgebung, in der Aufgabe der Betreuung, des Aufbaues und der Überwachung in der Genehmigung der Stadt , des Staates und der Milit.-Reg.

I.A. Raimund
Geschäftsführer u. Techn. Leiter

Der Oberbürgermeister
10 Polizeipräsident
- S -

Wiesbaden, den 12. April 1946.

1) Schreiben

An den
Stadtverband f.Leibesübungen,

Wiesbaden.

ab · 12. APR. 1946

Betrifft: Wiederzulassung des Polizeisportvereines.

Der Polizeisportverein,der bis zur Beendigung des Krieges bestand,beabsichtigt, seinen Spielbetrieb in aller nächster Zeit wieder aufzunehmen.Es sind folgende Sportsparten vorgesehen:

a.) Fussball, b.) Handball,
c.) Leichtathletik, c.) Sommerspiele.

Zur Ausübung des Sportbetriebes wird um die Genehmigung gebeten.

I.V.

2.) Z.d.A.

11

Antrag auf Erteilung eines Antragsformulars

APPLICATION FOR ADULT CLUB.
Bewerbunbsantrag zur Bildung eines Erwachsenenclub.

Permission is hereby requested to organize the
Es wird hiermit um Genehmigung gebeten den
Polizeisportverein, Wiesbaden Police-Athletic Club

Name of proposed organization
(Name der antragstellenden Organisation) zu bilden.

I. ACTIVITIES: (Betätigungen)

The only activities in which this organization will participate are as follows:
Die von dem Club ausgeübten Betätigungen sind die folgenden:
Fussball, Handball, Leichtathletik, Sommerspiele
Football Handball Light Athletic games in open air

II. MEMBERSHIP REQUIREMENTS.
Mitgliedschaftsbedingungen.

Age (Alter) 18 - 65 Jahre Sex (Geschlecht): male männlich

Other: (Anderes)

III. PRESENT MEMBERSHIP TOTAL:
(Augenblickliche Gesamtmitgliedszahl) 400 Personen
Minimum age of present membership:
(Mindestalter der augenblicklichen Mitglieder) 18 Jahre
Maximum age of present membership:
(Höchstalter der augenblicklichen Mitglieder) 65 Jahre

IV. MEETINGS. (Versammlungen)

Frequency / Wie oft? Mitgliederversammlung 1 mal im Monat / sonst sportliche Veranstaltungen — Meeting of members to be held once in a month and for athletic performances

Place / Ort: Wiesbaden, Schwalbacher Str. Rest. " Westendhof "

Hour / Zeit: Sportplatz liegt noch nicht fest. Sporting-ground not fixed yet.

V. REGULATIONS & BY-LAWS. A copy of regulations and by-laws must be submitted with the application or forwarded as soon as they are formulated after the organization is formed. They will include times and places of meeting, dues if any, and all such pertinent information. A list of members will be forwarded at the same time.

VORSCHRIFTEN UND SATZUNGEN. Eine Kopie der Vorschriften und Satzungen muss mit dem Antragsformulär zusammen eingereicht werden, oder sofort nach Formulierung nach Bildung der Organisation. Darin muss Zeit und Ort der Versammlungen angegeben werden, bestehende Verpflichtungen, usw. Eine Mitgliederliste ist beizulegen.

Zweisprachiger Antrag zur Bildung eines Erwachsenenclubs

LEADERSHIP. (Vorstandsmitglieder)

List each office and the name of each person occupying the position at the time the application is submitted. Attach extra sheet if necessary.

Jedes Büro ist aufzuführen, sowie jede Person nach ihrer zur Zeit der Antragsstellung inhabenden Dienststellung. In Ermanglung von ausreichendem Platz in dem Fragebogen sollen Bogen angeheftet werden.

Title (Titel)	Name (Name)	Address (Adresse)
	siehe Anhang	
	see supplement	

VII. Fragebogen for the above mentioned persons were submitted to Military Government on Date of engagment (Date) to police force

Die Fragebogen der oben genannten Personen wurden der Militärregierung am Tage d.Ein- stellung z.Polizei (Datum) eingereicht.

We certify that this organization complies with all regulations of Military Government and that it will continue to do so.

Wir bestätigen, dass vorstehende Organisation alle Bedingungen der Militärregierung erfüllt und erfüllen wird.

We further certify that:

1. At no time will this organization have drill as one of its activities and that no uniform dress will be worn except that uniform costumes appropriate to the sport may be worn for participation in the sport.

Es wird ferner bestätigt dass:

1. von der Organisation keine militärischen Übungen durchgeführt und keine Uniformen getragen werden. Ausgenommen sind Uniformmässige Kleidungen, die zu einer gewissen Sportart notwendig sind und bei Teilnahme an dieser Sportart getragen werden können.

2. At no time will anything of a political nature be made an activity of the organization.

Keinerlei politische Tätigkeit innerhalb der Organisation ausgeübt werden darf.

Reports of all Activities will be submitted to Military Government as requested and all reports will at all times be open for inspection by Military Government.

Tätigkeitsberichte sind der Militärregierung vorzulegen, wie angefordert, und alle Akten müssen jederzeit einer Kontrolle durch die Militärregierung zugänglich sein.

Signature of President
Unterschr.d.Vorsitzenden d. Org.

The above application has been reviewed and it is forwarded to Military Government with the recommendation that it be approved.

Obiger Antrag wurde überprüft und an die Militärregierung

Der Oberbürgermeister der Stadt Wiesbaden

Ausschuß für Kultur u.Sport
Jugendausschuß

Oberbürgermeister Wiesbaden, Rathaus

An den
Polizeisportverein
z.Hd.v.Herrn L o h s e

W i e s b a d e n
Klopstockstraße 21

Ihr Zeichen	Ihr Schreiben vom	Zeichen	Tag
		22	19. Juni 1946

Betreff:
Zulassung Ihres Vereins

Dem von mir eingesetzten Prüfungsausschuß erscheint die Bildung von Behördensportvereinen nicht wünschenswert, weil durch die Namensgebung nach einer Behörde das falsche Bild erwirkt wird, die betreffende Behörde würde dem nach ihr benannten Verein ihre besondere Unterstützung zuteil werden lassen. Nach den gegebenen Bestimmungen ist dies jedoch nicht erwünscht.

Da sämtliche Behördensportvereine in ihren Reihen Mitglieder bergen, die nicht bei den betr. Behörden beschäftigt sind, ist außerdem die Benutzung des Namens als Aushängeschild irreführend. Sämtliche Bediensteten der Wiesbadener Behörden vermögen ihre Leibesübungen in den zahlreichen Wiesbadener Turn- und Sportvereinen zu betreiben, so daß die Notwendigkeit zur Bildung besonderer
Behördensportvereine

Anlagen

Fernruf: Sammelnummer 59561 - Postscheck-Konto: Stadt Wiesbaden Nr. 2690 Frankfurt a. M.

Polizeisportverein war unerwünscht: Ausriss aus einem Schreiben der Stadt

beim PSV dachte man an Fußball, Handball, Leichtathletik und Sommerspiele –, erwartete Mitgliederzahlen, geplante Spiel- und Trainingsorte sowie Namen der Vorstandsmitglieder benannt wurden.

Trikots sind uniformmäßige Kleidung

Das Schreiben enthielt die Absichtserklärungen, alle Bedingungen der Militärregierung zu erfüllen, keinerlei politische Tätigkeit innerhalb der Organisation auszuüben, keine militärischen Übungen durchzuführen und keine Uniformen zu tragen – ausgenommen waren „uniformmäßige Kleidungen, die zu einer gewissen Sportart notwendig sind." Heute würde man Trikots sagen.

Der PSV, dem zunächst nur Männer zwischen 18 und 65 Jahren angehören sollten, wurde am 23. April 1946 wieder gegründet, wovon die Militärregierung vom Polizeipräsidenten unterrichtet wurde. 380 Polizisten gehörten dem Verein zu diesem Zeitpunkt an, dessen Hauptaufgabe es war: „die Beamten sportlich zu stählen, gesund und dienstfähig zu erhalten."

Bitte um Hosen oder Stoff

Im Juli des gleichen Jahres erbaten sich die Gestählten dann bei Major Eddy, dem zuständigen Mann bei den US-Truppen, „25 grüne Hosen oder Stoff sowie weiße Sporttrikots, 25 Paar Sportschuhe und je zwei Fuß- und Handbälle", um den Sportbetrieb trotz der wirtschaftlichen Not durchführen zu können. Zudem hatte man ein Platzproblem, denn die Spielfelder wurden von den Amerikanern beschlagnahmt und für Baseball benutzt.

Am 24. Oktober wurde der Verein vom Kultusminister genehmigt, gleich am darauffolgenden Tag fand eine Generalversammlung statt und bei Oberbürgermeister Georg Krücke wurde eine Vereins-Lizenz beantragt. Krücke stellte diese Lizenz „nach Zustimmung der amerikanischen Militärregierung" dann auch prompt aus, und erlaubte dem Verein „seine Tätigkeit im Kreise Wiesbaden auszuüben".

Rundschreiben auf den Dienststellen

Engagiert nahmen die Polizeisportler am Spielbetrieb teil, doch am 4. Dezember 1946 meldete sich der Landessportbund und erklärte, es sei nicht mehr statthaft, „Betriebssportgemeinschaften in einer Verbandsrunde mitwirken zu lassen". Die Fußballer mussten die Bezirksklasse wieder verlassen und auch der Hessische Handballverband verweigerte den Polizei-Handballern die weitere Teilnahme an den Rundenspielen – was besonders bitter war, denn sie hatten bis dahin noch kein Spiel verloren.
Auf den Dienststellen hatte es schon offizielle Rundschreiben gegeben, die die passiven Mitglieder aufforderten, die Mannschaften auch an Sonntagen als Zuschauer zu unterstützen. Nun traten andere Vereine an die verhinderten Sportler heran und fragten, ob sie nicht mit der gesamten Abteilung überwechseln wollten.

Mit oder ohne P?

Am 30. Juli 1947 wandte sich der erste Vorsitzende Karl Lohse an den Landessportbund und versuchte zu widerlegen, dass Behördensportvereine Vorteile gegenüber normalen Sportvereinen hätten. Lohse machte klar, dass auch Außenstehende dem PSV beitreten dürften und umgekehrt Polizisten in anderen Vereinen spielen. Um weiteren Streitigkeiten aus dem Weg zu gehen, wolle er aber den Verein umbenennen, und zwar in „Grün-Weiß Wiesbaden".

Bis zur Umbenennung und damit Anerkennung des Vereins sollte aber weitere Zeit vergehen. Etliche Schriftstücke, Eingaben, Unterlagenanforderungen und Absichtserklärungen folgten, ehe der Landessportbund Hessen am 3. September 1949 „den Sportverein Grün-Weiß Wiesbaden als neues Mitglied in unseren Reihen begrüßt." Die endlich Angekommenen durften nun mitspielen, ließen es sich danach aber nicht nehmen, auf ihren Sportplakaten stets zu schreiben: „SV Grün-Weiß Wiesbaden, früher Polizei-Sport-Verein." Seit 1971 gehört das P wieder offiziell zum Vereinsnamen – Polizisten findet man in den aktiven Reihen des Mehrspartenvereins aber kaum noch.

Die Leute blieben stehen und staunten

Mister Gummibärchen wurde im Kurhaus zum ersten Badminton-Präsidenten gewählt

Es geschah am 17. Januar 1953 als in der Wiesbadener Schlossreithalle die ersten Deutschen Einzelmeisterschaften im Badminton ausgetragen wurden. Der Biebricher Sporthändler Fred Haas (1922–1996) hatte anlässlich einer Sportartikelmesse zu „Badminton-Werbespielen" aufgerufen und zugleich alle ihm bekannten Badmintonvereine eingeladen, Titelkämpfe auszutragen.

Es bedurfte der Einzelinitiative des Sporthändlers, denn einen Badminton-Verband gab es noch nicht. Der wurde erst nach den Finalspielen am 18. Januar aus der Taufe gehoben. An seiner Gründung im Wiesbadener Kurhaus waren immerhin 14 Vereine beteiligt, darunter auch der TV Biebrich (TVB). Erster Präsident des Verbands wurde Hans Riegel aus Bonn, weltweit bekannt unter seinem Akronym Haribo. Noch im gleichen Jahr baute Riegel auf dem Firmengelände seiner Gummibärchen-Fabrik eine Badmintonhalle, die bis in die 80er Jahre ihresgleichen in Deutschland suchte.

„Deutsche Meisterschaften" in Gänsefüßchen

In der Öffentlichkeit wurde das gefiederte Rückschlagspiel ansonsten noch etwas argwöhnisch beachtet. „Findet das Federballspiel seine Anhänger?", bangte etwa das Tagblatt bei seiner Nachbetrachtung der Wettkämpfe am 19. Januar 1953 und schrieb den Begriff „Deutsche Meisterschaften" in Gänsefüßchen. Bei den ersten Titelkämpfen blieben die Zuschauer aus, die Halle war kalt und auch mit dem Regelwerk waren die Beteiligten noch nicht recht vertraut: „Über

Die Badminton-Abteilung des TV Biebrich gab es schon vor dem bundesdeutschen Verband. Hier die Mitglieder im Gründungsjahr 1952

den Austragungsmodus wurde man sich erst im Laufe der Zeit einig."

Ein „Fräulein Reinhardt kam noch am Weitesten" hieß es, als das Abschneiden der einheimischen Teilnehmerinnen bilanziert wurde. Zwei „Biebricher Fräuleins" waren bei der Finalrunde des „Federball-Tennis" angetreten, doch keine konnte im Feld der 18 Spielerinnen einen Blumentopf gewinnen. Der Biebricher Manfred Fulle, Jahrgang 1936, der als 17-Jähriger an diesen Wettspielen teilnahm, belegte Platz elf unter 22 Teilnehmern und schnitt damit besser ab als seine Clubkameraden Werner Walter und Günter Seilberger, die vorzeitig ausschieden.

Der Landsitz Badminton gab den Namen

Fulle hatte das Spiel in der Federballgruppe des TV Biebrich kennen gelernt, die Fred Haas im Winter 1950/51 ins Leben gerufen hatte. Zu dieser Zeit konnte sich unter dem Begriff „Badminton" noch niemand etwas vorstellen, und auch heute ist wohl nur wenigen bekannt, dass der Name auf den Duke of Beaufort zurückzuführen ist. Der Brite hatte das zuvor schon in Indien verbreitete Spiel 1872 auf seinem Landsitz Badminton in Gloucestershire vorgeführt und danach wurde der Ort zum Synonym für das Spiel.

In Biebrich blieben Presseberichten zufolge Anfang der 1950er Jahre „die Leute stehen und staunten", als die hier neue Sportart zu blühen begann. Doch schon bald danach wurde Federball als Freiluftvergnügen populär und auf Wiesen und in Strandbädern gespielt. Erste Vergleichsspiele führte der Verein gegen den TC Eltville durch, wo Helmut Horaczek das tennisähnliche Spiel 1951 eingeführt hatte.

Biebricher Initiativen zur Verbreitung des Spiels

Aus den Reihen des TVB gründete sich im November 1952 dann der eigenständige Biebricher Badminton Club (BBC). Auch die Entstehung des 1. Wiesbadener Badminton Clubs (1953) und der Badmintonabteilung des PSV Grün-Weiß (1956) gehen auf Biebricher Initiativen zurück. Je mehr Vereine Badminton betrieben, so das Kalkül, desto mehr Hallentrainingszeiten mussten dem Sport insgesamt zugestanden werden.
Manfred Fulle hatte sich indes schnell zu einem Ass entwickelt. Bei den Jugendmeisterschaften Anfang Mai 1953 in Solingen gewann der großgewachsene Federballfan zusammen mit Lotti Reinhardt den Deutschen Meistertitel im Mixed. Als Solist und mit Werner Walter im Doppel errang er jeweils Platz zwei.

Manfred Fulle, einer der ersten großen Badminton-Asse in Wiesbaden

Peter Knack war Biebrichs Bester

Bei den Senioren wurde BBC-Gründungsmitglied Fulle, der 1956 zum WBC wechselte, sechsmal hessischer Meister, sowie 1954 mit Inge Schild und 1958 mit Elfriede Becker jeweils Deutscher Vizemeister im Mixed. Seinen größten Erfolg feierte er gemeinsam mit Klaus-Dieter Framke am Ostersonntag 1965 in Frankfurt-Sachsenhausen: Deutscher Meister im Doppel. Der Freudensprung nach dem Matchball ging als „Bild des Tages" durch die deutsche Presselandschaft.

Biebrichs Bester war freilich Peter Knack, der 1959 in München Deutscher Einzel-Meister wurde. Dass Badminton eine Wiesbadener Sportart war, blühte dann noch einmal in den späten 90er Jahren auf. Grün-Weiß spielte in der Bundesliga, erreichte einmal sogar das Finale und treuer Besucher fast aller Heimspiele war Manfred Fulle: „Hier bekam man europäisches Spitzen-Badminton in Wiesbaden zu sehen." Fast so spektakulär wie am 18. Januar 1953, als im Anschluss an die „Deutschen Meisterschaften" die von Fred Haas initiierten internationalen Werbespiele im großen Kurhaussaal stattfanden – und sogar Publikum anzogen.

◂Bild des Tages: Manfred Fulle (links) und Klaus Dieter Framke freuen sich über ihren deutschen Meistertitel

▾Doppel mit Peter Knack in der Halle am Elsässer Platz

Erste Versuche: Manfred Fulle als 16-Jähriger beim Federballspiel

Mit 96,5 Sachen zur Hohen Wurzel hinauf

Zehntausend Zuschauer strömten zum letzten Wiesbadener Motorrad-Bergrennen 1952

Eine besonders vielversprechende Recherchemethode bei Rückblicken ist es, auf Rückblicke zurückzublicken. So auch bei der Suche nach den Motorsportwurzeln in Wiesbaden. Schöne Erfolge sind dann Fundstücke wie dieses Zitat vom 21. Mai 1952 aus dem Wiesbadener Tagblatt: „Wiesbaden hat im Motorsport immer einen gut klingenden Namen gehabt: Die Automobilturniere, das Rennen ‚Rund um den Neroberg' und das ‚Straßenrennen' brachten Wiesbaden den Ruf einer automobilsportfreudigen Stadt ein." Der Text bezieht sich auf die 1920er Jahre und der wehmütige Blick galt dem Hohe-Wurzel-Rennen, das zuletzt 1928 stattgefunden hatte.

In jenem Jahr nun, 1952, sollte es seine Wiedergeburt erleben. 120 Motorräder hatten gemeldet, um in sechs Klassen – 125er, 250er, 350er und 500er sowie Seitenwagen bis 500 bzw. bis 750 ccm – den Berg hinan zu stürmen. Besondere Aufmerksamkeit galt den 125-ccm-Maschinen, die in der so genannten „Kochbrunnenklasse" starteten. Gleich 48 Fahrer hatten für diese Wiesbadener Spezialklasse gemeldet. Darunter neben den Puch-, NSU-, DKW- und Fox-Rädern auch eine ganze Reihe von Maschinen Marke Eigenbau, die von den Fahrern mit Geschick selbst zusammengebastelt und frisiert wurden.

Theorie und Praxis

Einer dieser Fahrer war Oskar (Ossi) Bommert, der eine kleine Motorradwerkstatt betrieb und 1949 zudem begonnen hatte, als Fahrlehrer zu arbeiten. Die Theoriestunden gab er am Anfang in seinem Wohnzimmer in der Waterloostraße. In der Praxis liebte „Ossi" Motorradrennen und fuhr für den MSC Frauenstein, der selbst Rennen ausrichtete. Das Foto des verwegenen Fahrers mit der Nummer 91, der sich nach seinen Konkurrenten umschaut, hing bei seinem Sohn Manfred jahrelang im Kinderzimmer. Kein Wunder, dass der Junior die Motorrad-Leidenschaft von seinem Vater geerbt hat. Ob das Bild vom Hohe-Wurzel-Ren-

Geschicklichkeitsrennen auf dem Frauensteiner Sportplatz: mit dem Motorrad Wippen überwinden

Konkurrenten abgehängt: das Lieblingsrennbild von Oskar Bommert

„Ossi" war auch Querfeldein durch Wald und Flur ein Ass

nen stammt, ist nicht überliefert, es scheint aber eher unwahrscheinlich, denn dort belegte Bommert mit seiner Puch-Spezial den elften Platz, während er auf dem Foto wie ein Sieger aussieht

Am Himmelfahrtstag 1952 dröhnten auf alle Fälle im sonst so stillen Wald zwischen dem Chausseehaus und der Hohen Wurzel vom frühen Morgen bis in die späten Nachmittagsstunden die Motoren. „Dieser Tag stellte den Wiederbeginn im Wiesbadener Motor-Rennsport dar, der einst im deutschen Rennkalender einen festen Platz einnahm", prophezeite am 24. Mai 1952 das Wiesbadener Tagblatt: „Mit dem Bergrennen auf die Hohe Wurzel wird eine fühlbare Lücke im Programm geschlossen."

Schillernde Fußgänger

Damals säumten geschätzte 10000 Zuschauer die 2,9 Kilometer lange Strecke. „Von Wiesbaden her kamen lange Kolonnen von Fußgängern, deren bunte Kleider auf allen Waldwegen durch die Bäume schillerten", schilderte ein Augenzeuge den Pilgergang der Motorsportbegeisterten. Radfahrer, Motorradfahrer und Autos schlängelten sich durch das Wellritztal hinauf zum Chausseehaus. Auch Postbusse und Eisenbahn, die dort verkehrten, brachten Besucher über Besucher an den Bergkurs.

„Unter den Buchen", im Fahrerlager, herrschte hohes Verkehrsaufkommen. „Man hatte den Eindruck eines wirren Durcheinanders, das sich aber nach einer sinnvollen Ordnung vollzog", beschrieb der Reporter die Geheimnisse des Motorsports. Rund 80 der ursprünglich 120 angesagten Motorradfahrer beteiligten sich an der Bergprüfung, die im Stil eines Einzelzeitfahrens durchgeführt wurde und zweimal bewältigt werden musste. Gut klettern können und spritziges Anzugsvermögen waren von den Maschinen gefordert, denn die Strecke wies 270 Höhenmeter Differenz auf 2,9 Kilometer auf, stellenweise 12 Prozent Steigung. „Für den Fahrer galt es vor allem, Sekunden durch gute Kurventechnik und rationelles Schalten gut zu machen."

Streckenrekord für die Ewigkeit

Die Wiesbadener Rennfahrer hielten sich beachtlich. Bei den 350ern landeten die beiden Horex-Fahrer Rentschler und Nikolaus auf den Plätzen zwei und drei. Kurzeknabe (BMW) kam in der Halbliterklasse auf den vierten Platz, Willi Becker (BMW) auf den fünften. Und in der Gespannklasse bis 750 ccm wurde Braselmann mit Kurzeknabe (BMW) Zweiter.

Der alte Streckenrekord, er stammte aus dem Jahr 1928 und war von dem Wiesbadener Eickelmann auf einer 500er Ariel aufgestellt worden, fiel bereits im Rennen der 350-ccm-Klasse. Willi Faust aus Fulda schraubte den Rekord für die Ewigkeit dann auf einer 500er BMW auf 1:48,1 Minuten, was einem Stundenmittel von 96,5 km entsprach. Die hundert Stundenkilometer wurden nicht mehr erreicht, denn die 1952er Auflage blieb eine einmalige Angelegenheit.

Geschicklichkeit II: von der Maschine aus Bälle in Körbe werfen

Über Wippen und mit Bällen fahren

Das Bergrennen zur Hohen Wurzel war etwas vor meiner Zeit", bedauert Arnold Gunkel (67). Der gelernte Maschinenschlosser hatte 1955 mit Motorradrennen begonnen und ein gutes Jahrzehnt nicht davon lassen können, ehe die Geburt seiner Tochter ihn aus Vernunftsgründen langsamer fahren ließ. Gunkel erinnert sich besonders gerne an die Geländerennen in und um Frauenstein. Dreimal richtete der MSC Frauenstein dieses Spektakel in den 50er Jahren aus, das zur Hälfte durch Wald, zur Hälfte übers Feld geführt wurde. Einmal war das Rennen sogar ein offizieller Lauf zur Hessenmeisterschaft. Allerdings hielt dieser Status nicht lange an, denn im darauffolgenden Jahr war die Veranstaltung aus Naturschutzgründen schon nicht mehr erlaubt.

Die Motorsportfreunde verlegten sich daraufhin auf Geschicklichkeitsrennen, die sie auf dem alten Frauensteiner Sportplatz durchführten. Dabei galt es über Wippen zu fahren, vom Motorrad aus Bälle in Körbe zu werfen und ähnliche Übungen zu bestehen. Auch dabei war Ossi Bommert ein Ass, wie die Fotos beweisen. So bleibt Wiesbaden zumindest im Rückblick auf den Rückblick eine motorsportbegeisterte Stadt.

Anspannung vor dem Start: Oskar Bommert

Die Tischtennis-Ära scheiterte an 200 Mark

Den SVW-Verantwortlichen war die erfolgreiche Tischtennis-Mannschaft wenig wert

Wenn Werner Roller (73) von den großen Zeiten des Wiesbadener Tischtennissports erzählt, dann kramt er nicht nur in der Erinnerung, sondern belegt seine Geschichten mit einer Chronik, die ihresgleichen sucht. Auf Rollers Wohnzimmertisch in der Friedensstraße stapeln sich dann dicke, ledergebundene Alben, in denen Zeitungsausschnitte, Fotos, Urkunden und Spielberichtsbogen von glorreichen Siegen, unglücklich verlorenen deutschen Meisterschaftsendspielen und einem schwerwiegenden Vereinswechsel Zeugnis ablegen.

Roller, der einst einer der besten deutschen Defensivspieler an der Platte war, spricht sehr offensiv von den alten Zeiten und man kann ihm noch heute die Freude darüber ansehen, einst zu einer erfolgreichen Truppe gehört zu haben. Denn die erste Tischtennis-Mannschaft des SV Wiesbaden eilte mit Spielern wie Kurt Seifert, Theo Scheer, Werner Hartwig, Erwin Lentföhr, Willi Dierks und eben Roller in der Oberliga, der damals höchsten Spielklasse, von Sieg zu Sieg. Von 1946 bis 1953 „haben wir so gut wie kein Spiel verloren", erinnert sich Roller: „Wir waren jedes Jahr Hessenmeister." Zwar wurde auch beim Wiesbadener Amateur-Boxklub hochklassiges Tischtennis gespielt. An den SVW reichten die „Boxer", bei denen Willi Wüst der Beste war, aber nie heran.

Spitzenkräfte kamen aus der Kriegsgefangenschaft

Im August 1945 hatte Kurt Feser, mit jeder Faser seines Lebens ein SVWler, zusammen mit seinem Vereinskameraden Steinmetz die Tischtennis-Abteilung gegründet. Die Schläger hatten noch keinen Belag, und die einzige Trainingsmöglichkeit für die 13 Mitglieder war eine Tischtennisplatte, die beim Turnerbund stand, doch es ging voran.

Nach und nach vergrößerte sich die Spielerzahl, auch weil frühere Spitzenkräfte aus der Kriegsgefangenschaft zurückkamen. Kurt Seifert, dessen Weg über München und Wien wieder nach Wiesbaden führte, entwickelte sich zum absoluten Spitzenspieler: Er wurde siebenmal Hessenmeister, zweimal deutscher Vize-

Siebenmal Hessenmeister: Kurt Seifert

Eleganz an der Platte: Erwin Lentföhr

Schmetterschlag von Theo Scheer

Einst einer der besten Defensivspieler Deutschlands: Werner Roller

meister und schmückte sich zudem mit dem Titel US-Zonenmeister. Alfred Tesch kam aus Afrika, und der Prager Guido Rehak schloss sich dem SVW als Manager an. Der schien nötig, denn die einzige Unterstützung kam am Anfang von Metzger Sandel, der zu Auswärtsspielen einige Wurstpakete an den Bus brachte.

Tischtennis wird im Kopf gewonnen

Werner Roller war zunächst Fußballer, ehe er sich als 17-Jähriger für den Sport an den grünen Platten entschied. Sein größtes Plus war sein gutes Auge. Obwohl der Jüngste im Team, war er taktisch der Stärkste – Roller erkannte sehr schnell die Schwächen seiner jeweiligen Gegner: „Tischtennis muss man mit dem Kopf spielen." Südwestdeutsche Meistertitel in Einzel, Doppel (mit Kurt Seifert) und Mixed (mit Margot Gloede aus Karlsruhe) sowie rund 50 Turniersiege schmücken seine Urkundenmappe.

Die Tischtennis-Asse trainierten nun in der Turnhalle der heutigen Elly-Heuss-Schule am Boseplatz (heute Platz der deutschen Einheit). Wichtige Turniere fanden in der Wartburg oder in der Schlossreithalle statt, so im Dezember 1951 die nationalen Ausscheidungsspiele zur Weltmeisterschaft. Dabei qualifizierte sich Kurt Seifert für die WM in Wien.1952 richtete der SVW in der Schlossreithalle gesamtdeutsche Meisterschaften aus, bei denen das SVW-Sextett wie immer Zweiter wurde, denn zum ganz großen Wurf reichte es nie. Bei gesamtdeutschen Meisterschaften wurden sie sowohl in München und Wiesbaden als auch in Halle und Dresden von 1950 bis 1953 vier Jahre nacheinander Zweiter. Dreimal geschlagen vom MTV München, einmal von deren Vorstädtern aus Milbertshofen. Internationale Begegnungen gegen Teams aus Schweden, Jugoslawien und Brasilien rundeten die große Tischtennis-Zeit in Wiesbaden ab: „Dabei schnitten wir teilweise besser ab als das deutsche Nationalteam", so Roller.

Wechsel zur Germania

Im Mai 1953 endete dann die erfolgreiche Ära beim SVW. Weil Spielbetriebskosten in Höhe von 200 Mark nicht aufgebracht werden konnten, schloss sich die gesamte Tischtennis-Abteilung der SG Germania Wiesbaden an. „Der größte Fehler der Wiesbadener Vereinsgeschichte", poltert Roller noch 50 Jahre danach, selbst wenn Germania-Ehrenmitglied Valentin Schmidt dabeisitzt und den Vereinswechsel natürlich nicht so negativ sehen will.

Zwar machte in seinem Verein am Anfang das unschöne Wort der „Rasselball"-Spieler die Runde, wie sich Schmidt erinnert. Doch bald überzeugten sich die Kritiker von der Leistungsfähigkeit der neuen Oberliga-Mannschaft, die sich an die Spitze der Tischtennis-Abteilung stellte. Leider war aber das Germanen-Heim

Die erste Sechs des SV Wiesbaden: Seifert, Lentföhr, Scheer, Roller, Hartwig, Brechter und Manager Rehak (von links)

noch nicht ganz fertig, erst ab 1955 konnte dort gespielt werden.

„Ich habe gar keinen Schläger mehr"

Für die erste Sechs, die nun die Schwarz-Weißen Farben trug, gab es weiterhin einige Erfolge – Seifert wurde noch einmal Hessen- und Südwestmeister, Lentföhr gewann den Hessen-Titel im Mixed und Hartwig wurde Südwest-Champion im Doppel – doch die große Zeit war langsam abgelaufen. In der Oberliga reichte es nur zu Rang drei für den einstigen Abonnement-Meister.

Dann wechselte Hartwig zu Mainz 05, Lentföhr zu Eintracht Frankfurt und Theo Scheer musste aus gesundheitlichen Gründen kürzer treten. Die Spitzenspieler Roller und Seifert konnten alleine das Niveau nicht halten. „Es ist wie im richtigen Leben, alles ist vergänglich", zieht Valentin Schmidt im Jubiläumsheft „Mythos Germania" sein Fazit. Das sieht auch Werner Roller so, der letzte Überlebende der großen Tischtennismannschaft. Er ist zwar immer noch Mitglied beim SVW und bei der Germania, hat aber seit 20 Jahren nicht mehr Tischtennis gespielt: „Ich hab gar keinen Schläger mehr, der tauglich wäre."

Die glorreichen Vier: Lentföhr, Seifert, Scheer und Roller (von links)

Nur ewige Krieger oder echte Sportler?

Der Kampf der Schützen um Anerkennung

Es gibt genau drei Spitzenverbände im deutschen Sport, die mehr Mitglieder haben als die Schützen (1,5 Millionen); nämlich Fußball (6,2), Turnen (5,0) und Tennis (1,9). Bei Olympischen Spielen werden nur in der Leichtathletik (46 Entscheidungen), im Schwimmen (32) und im Radsport (18) mehr Gold-Medaillen verteilt als beim Schießen (17). Dennoch kann man nicht behaupten, dass Sportschützen einen besonders schillernden Ruf genießen.

Besonders skeptisch war die öffentliche Meinung in der Nachkriegszeit gegenüber den Schützen eingestellt. Sie wurden im günstigsten Fall als Nichtsportler betrachtet, oft aber auch als Militaristen verunglimpft. Heinz Staab (82) erinnert sich noch gut an die Probleme, die er und seine Mitstreiter im Juni 1952 bei der Gründung des „Sportschützen e. V. Wiesbaden" hatte. Selbst seine Frau sei dagegen gewesen, erinnert sich der langjährige Vorsitzende des Sportschützenvereins.

Der Wiesbadener Zahnarzt Dr. Paul Wehner war der erste Präsident des Deutschen Schützenbundes. Hier zeigt er OB Dr. Erich Mix einen Bogen. Hinten: DSB-Hauptgeschäftsführer Ernst Zimmermann

DER Sportschütze

MITTEILUNGEN DER „SPORTSCHÜTZEN E. V. WIESBADEN"

Nr. 4 1956

Aus dem Inhalt:

DAS THEMA DES TAGES

KK-SCHIESSEN

AUS DEM VEREINSLEBEN

VERANSTALTUNGEN

AUS DEM KREIS II WIESBADEN

Mit satirischem Biss reagierten die Schützen auf die Vorbehalte gegenüber ihrer Sportart

Erste Aufgabe: Abbau von Vorurteilen

Wir waren natürlich alle Soldaten gewesen", sagt Staab, „aber der Krieg und alles kriegerische stand uns doch bis zum Hals." Also machten sich die Clubmitglieder daran, durch gesellschaftliche Veranstaltungen Vorurteile abzubauen. Man richtete Werbeschießen aus, engagierte sich beim Rheingauer Weinfest und kümmerte sich im sozialen Bereich um die Betreuung spätheimkehrender Kriegsgefangener. Ein besonders dringliches Anliegen war den Schützen die Aufnahme ihrer Vereine in den Landessportbund. Mit ungezählten Telefonaten und Schreiben an alle etablierten Sportverbände sammelten sie Unterstützung für ihr sportliches Anliegen.

Staab selbst sah und sieht sich durch und durch als Sportsmann. 1934 hatte er als 13-Jähriger mit Fußball begonnen. „Weil ich so schnell war", hätten ihn dann die Leichtathleten angesprochen, und er wechselte auf die Aschenbahn. Mit großem Erfolg. Staab rannte unter anderem mit Läufer-Legende Rudolf Harbig um die Wette und stellte einen Gau-Rekord über 400 m auf: seine handgestoppten 48,5 Sekunden ohne Startmaschine könnten sich auch heute noch sehen lassen. Eine Kriegsverletzung stoppte den flinken Sprinter, der sich stattdessen als Abteilungsleiter beim SV Wiesbaden dem Handballsport widmete, ehe er zu den Sportschützen stieß.

Treffsichere Kameraden

Wiesbaden entwickelte sich allen Widrigkeiten und Vorbehalten zum Trotz zu einer Hochburg des Schießsports. Vor allem in den Reihen des traditionsreichen Schützenvereins 1864 Biebrich und in der Wiesbadener Schützengesellschaft waren einige treffsichere Kameraden zu finden, die in den 50er und 60er Jahren mit Kleinkaliber und Luftgewehr zahlreiche Hessische und Deutsche Meistertitel in die Kurstadt holten und später sogar EM- und WM-Medaillen sammelten.

Erster Präsident der Arbeitsgemeinschaft Deutscher Schützenverbände (ADS), dem Vorläufer des Deutschen Schützenbundes (DSB), wurde am 8. April 1951 der Wiesbadener Zahnarzt Dr. Paul Wehner. Der 1896 in Flieden bei Fulda geborene Wehner war ein sportliches Multitalent: er spielte Tennis, brachte es beim Judo bis zum Schwarzen Gürtel und widmete sich während des Studiums dem Sportfechten. Zum Schießen war er 1930 gekommen und brachte es mit der Freien Pistole bis zum Olympiateilnehmer: 1936 in Berlin belegte er den 12. Platz.

Bundesleistungszentrum in Klarenthal

Seine Schießsporterfahrung, seine materiell gesicherte Existenz als Zahnarzt und seine Einstufung in die Gruppe der politisch Unbelasteten machte Wehner zum richtigen Mann für die Spitzenstellung im neuen Verband. Wehners Praxis-Wohnung am Luisenplatz wurde zur ersten provisorischen Geschäftsstelle des DSB, der am 16. September 1951 in Frankfurt offiziell wieder gegründet worden war. Noch heute hat der Verband seinen Sitz in Wiesbaden – mittlerweile in der Schießsportschule in der Lahnstraße. Auch das Bundesleistungszentrum der Schützen ist seit Jahrzehnten in Klarenthal untergebracht.

Die Vorbehalte gegenüber den Schützen waren damit aber noch nicht ausgeräumt. Wichtigstes Gegenargument war die Definition, dass eine Tätigkeit nur dann als Sport anerkannt wird, wenn Muskelarbeit dafür nötig ist. „Was wäre der herrlichste Körper", fragte Wehner dagegen bei einem Plädoyer für die Sportschützen im Dezember 1953 vor dem Präsidium des Deutschen Sportbundes (dsb): „wenn ihn nicht der Geist regierte?" Wer den Sport zu einer reinen Muskelangelegenheit degradiere, den habe der „göttliche Funke" des Sports noch nicht berührt: „Ein Langstreckenläufer oder ein Schwimmer ist kein aufgezogener Muskelapparat, der seelenlos abläuft, sondern es ist so, dass der Geist, der Wille und die Nerven die Leistung des Körpers bestimmen, ganz gleich, ob es sich um einen Weitsprung, einen 100-m-Lauf handelt, oder – ob der Sportschütze den Finger am Abzug krümmt."

Grundsteinlegung zur Schießsportschule in Klarenthal

Wehner wusste, wovon er redete, denn der Wiesbadener war nicht nur Funktionär geworden, sondern auch Sportler geblieben: 1952 qualifizierte er sich als 56 Jahre alter Mann noch einmal für die Olympischen Spiele. In Helsinki belegte er in der Disziplin Schnellfeuerpistole immerhin den 24. Platz bei 53 Teilnehmern.

Auch das ist Schützensport: Trachtenzug in der Wiesbadener Rheinstraße

Mit eigenen Regeln zur Hallenhockey-Hochburg

In der Boseplatz-Turnhalle entstand ein neues Spiel

Der Eintrag datiert vom 14. Januar 1950 und ist handschriftlich: „Dem WTHC gebührt die Ehre, unter dem obigen Datum das Hallenhockey aus der Taufe gehoben zu haben." Was in Waldemar Gerners privatem Hockey-Album zu lesen ist, könnte auch in einer offiziellen Festschrift stehen. Denn die Spieler des Wiesbadener Tennis- und Hockeyclubs (WTHC) waren der Wegbereiter der Hallen-Variante ihres Sports.

Lothar Voigtmann kam im November 1949 auf die Idee, in der Turnhalle am Boseplatz (heute Platz der deutschen Einheit) statt auf dem vereisten Hockeyplatz im Nerotal zu trainieren. Der Gedanke wurde begeistert aufgenommen und nach den ersten Trainingseindrücken gleich weitergesponnen: man wollte so schnell wie möglich ein Hallenturnier aufziehen. Hockey-Obmann Richard Kettenbach und Vizepräsident Karl Bohlmann nahmen die Organisation in die Hand.

Mit Leimtopf und Linoleum losgezogen

Die Vorbereitungen waren nicht ganz einfach: der löchrige Boden am Boseplatz musste geflickt werden, was die WTHCler mit Leimtopf und Linoleum selbst in die Hand nahmen. Eine Begrenzungs-Bande wurde mit Kanthölzern improvisiert und da die großen Hockeytore in der engen Halle gar zu wuchtig erschienen, zimmerten sich die Sportler kleine Eishockeytore. Insgesamt war ihnen schnell klar, dass Hallenhockey nicht nur als Variante des Feldhockeys anzusehen ist, sondern dass sich hier ein neues Spiel entwickelt.

„Da es für Hallenhockey keine Regeln gab, mussten wir sie uns selbst aufstellen", schrieb Gerner 1980 in der Festschrift zum 75-jährigen Jubiläum des WTHC. Bei der Erstbeschreibung des Regelwerks wurde ein relativ kleiner Schusskreis mit einem Radius von gerade mal sechs Metern festgelegt. Selbstverständlich war es für die Hallenhockey-Pioniere, dass wie beim Eishockey auch hinter dem Tor gespielt werden darf. Schlagen des Balles war nicht erlaubt, sondern nur Schlenzen und Schieben. Höher als 25 Zentimeter durfte nicht geschossen werden.

Reingewinn: 21 Pfennige

Am 1. Hessischen Hallenhockeyturnier des WTHC beteiligten sich sechs Mannschaften, und die Gastgeber erreichten knapp den dritten Platz. Sieger wurde der Mainzer RV vor der SG Höchst. Eintracht Wiesbaden landete abgeschlagen auf dem letzten Rang.

Torwart ohne Helm und Gesichtsschutz: Friedel Grüning, später Sportchef beim Wiesbadener Kurier

Rasantes Spiel mit dem Krummstock: der WTHCler H. Kortüm am Ball

Im zweiten Jahr war schon die Schlossreithalle Schauplatz der Veranstaltung. Hier war das Spielfeld größer und die Zuschauer standen anfangs auf der Empore statt am Spielfeldrand. Es gewann der RK Rüsselsheim vor dem WTHC. Im dritten Jahr gelang den Gastgebern dann endlich ihr erster Turniersieg. Obwohl die Halle immer baufälliger wurde und die Empore bald gesperrt werden musste, richtete der WTHC insgesamt neun Turniere an der Stelle aus, wo heute der Plenarsaal des Hessischen Landtages seinen Platz hat.

Der finanzielle Erfolg der Veranstaltungen bewegte sich gegen Null. Vom vierten WTHC-Hallenhockeyturnier am 10. und 11. Januar 1953 ist eine Aufstellung überliefert, die einen Gewinn in Höhe von 21 Pfennigen aufweist. Die Einnahmen resultierten aus 132 Eintrittskarten zu 80 Pfennigen, 82 ermäßigten Karten für die Hälfte und ganze 10 Mark 31 aus Programmhefterlösen. Demgegenüber standen Auslagen unter anderem für die Hallenmiete (33 Mark 60), Lautsprecheranlage, Schiedsrichterspesen – und sogar die Kohlen für die Heizung mussten von den Ausrichtern mitgebracht werden (20 Mark 52).

Gewissenhafte Prüfung der internationalen Regeln

Mitte der 50er Jahre hatte der Internationale Hockeyverband die eigenständige Entwicklung des Hallenhockeys erkannt und verbindliche Regeln aufgestellt. Den Wiesbadenern erschienen diese Regeln „nach gewissenhafter Prüfung" aber nicht vorteilhaft und sie ließen bei ihren Turnieren nach einer Synthese aus eigenen und internationalen Bestimmungen agieren. Dass hinter dem Tor nicht mehr gespielt werden durfte, war schon bald klar. Verbindlich durchgesetzt hat sich die Erweiterung des Schusskreises auf neun Meter, damit mehr Tore fallen. Deutschland entwickelte sich auch dank des Wiesbadener Pioniergeistes eindeutig zur führenden Nation im Hallenhockey und gewann alle elf bisherigen Europameisterschaften und die 2003 zum erstenmal durchgeführte WM.

Auch der WTHC war in der Halle erfolgreich und wurde 1953 gegen die starke Konkurrenz von 16 Mannschaften in der Schlossreithalle erster Hessischer Hallenhockeymeister. Ein Erfolg, den Damen und Herren noch einige Male wiederholten, und der Stadt phasenweise

Dribbling an der Seitenlinie: Waldemar Gerner

den Ehrentitel „Hockey-Hochburg" einhandelte. Wiesbadens bester Spieler der 50er Jahre war Bernd Kortüm, der es 1953 zum ersten Nationalspieler des WTHC brachte. Leider war sein erstes auch sein einziges Länderspiel, da er mit einer Zigarette im Mundwinkel auf dem Platz erschienen war.

Rosi Blöcher wollte eigentlich Tennis spielen

Die größte Hockey-Karriere, die im Nerotal ihren Anfang nahm, machte später Stefan Blöcher. Er gewann mit der Hockey-Nationalmannschaft 1984 und 1988 jeweils Olympisches Silber im Feldhockey. Dabei verdankte er den Ursprung dieser fulminanten Entwicklung nur einem Zufall, der seine Mutter Rosi 1951 zum Hockey brachte: „Als 18-jähriges Mädchen wollte ich eigentlich Tennis spielen", erinnert sich die gute Seele des WTHC an eine schicksalhafte Wendung vor über 50 Jahren: „doch der damalige Jugendleiter schickte mich mit den Worten ‚Du kannst gut rennen' zum Hockey."

Rosi Blöcher blieb dem Hockeysport bis heute erhalten. Noch mit 56 spielte sie in der Regionalliga und mit mittlerweile 70 Jahren kümmert sie sich noch immer um die Jugendarbeit. Das macht sie seit 1968, als ihr Sohn Stefan acht war. Der wurde 1988 zum „weltbesten Spieler" ernannt. Nicht auszudenken, was passiert wäre, Rosi Blöcher hätte Tennis gespielt.

Protagonisten der Hallenhockey-Hochburg Wiesbaden: u. a. Waldemar Gerner (o. 2.v. l.), Präsident Kettenbach (Mitte), Bernd Kortüm (u.2.v.l.), Rosi Blöcher (u. 2.v.r.)

Sporterfahrung mit dem Bambusstab und einer Leica

Die Hobbys der von der Leichtathletik begeisterten Familie Bossong ergänzten sich gut

Es gibt Familien, da harmonieren die Hobbys von Eltern und Kindern. So bei den Bossongs. Wolfgang und Dieter waren in ihrer Jugend begeisterte Leichtathleten und ihre Mutter fotografierte gerne. Wo immer die Jungs Anfang der 50er Jahre ihre Wettkämpfe absolvierten, war Erna Bossong mit ihrer Leica dabei.

Staffelübergabe bei den Eintracht-Sprintern: Wolfgang Bossong übergibt an Rolf Scheurenbrand. Innen wacht Wechselrichter Oechsle über das Geschehen

Ein halbes Jahrhundert später zeugen die Aufnahmen immer noch von den richtig eingesetzten Talenten. Dieter Bossong, Jahrgang 1933, macht beim Hürdenlaufen eine gute Figur und ist beim Überqueren der Latte im Stabhochspringen spektakulär zu sehen. Seinen vier Jahre älteren Bruder Wolfgang zeigen die Fotos beim Starten und Sprinten und beim Staffellaufen, einmal kurz nach der geglückten Holzübergabe an Schlussläufer Rolf Scheurenbrand.

Von der Aschenbahn in den Hörsaal

Zudem zieren jede Menge Bilder von Wettkampfbesuchen, Trainingseinheiten und den anschließenden Badefreuden im Rhein die Fotoalben der Bossongs und zeugen von einer insgesamt vergnüglichen Phase des Sporttreibens. Beim Blättern im Album fallen die alten Namen der Kameraden bei Eintracht und SV Wiesbaden wieder ein, vor allem die Kollegen auf den Sprint- und Kurzstrecken: „Alois Zahn, Erwin Nass und Herbert Laurent waren gute Leute." Erich Metzger und Theo Hommel sind zu sehen und Isabell Bried, die Könnerin im Diskus- und Speerwerfen.

„Wir hatten immer gute Kontakte unter den Sportlern", erinnert sich Wolfgang Bossong (74) gerne an die Zeit zurück, die er auf Sportplätzen verbrachte. Sie endete 1954, als er die Aschenbahn mit dem Hörsaal tauschte und das Medizinstudium seine ganze Konzentration forderte. Als Hautarzt wirkte er danach lange Zeit in den Städtischen Kliniken in Wiesbaden, ehe er eine Praxis in Idstein eröffnete und dort 25 Jahre lang tätig war.

Sportabzeichen noch mit 70

Von der Leichtathletik hat sich Wolfgang Bossong längst gelöst, im Gegensatz zu seinem Bruder. Dieter Bossong ist noch heute häufig auf dem Sportplatz in der Idsteiner Zissenbach anzutreffen. Mit seinen 70 Jahren hat der Konditormeister gerade zum 40. Mal das Deutsche Sportabzeichen absolviert und es ist nicht abzusehen, dass dies das letzte Mal gewesen sein soll.

Im Gegensatz zu seinem Bruder, dem die moderne Sportwelt zu kommerziell geworden ist, genießt Dieter Bossong auch passiv die Leichtathletik. Mit seiner

Stabhochsprungtalent: Dieter Bossong überspringt mit dem Bambusstab 3,20 m und landet unbeschadet in der Sandgrube

Pendelstaffel: Wolfgang Bossong beim Straßenlauf in der Rheinstraße

Frau besuchte er viele Großveranstaltungen, ließ sich 1993 bei der WM in Stuttgart von der phantastischen Stimmung mitreißen, war 1994 bei der EM in Budapest dabei und galt beim Zehnkampfmeeting in Götzis, wo ihn Guido Kratschmer mit Handschlag begrüßte, fast als Stammgast. Nur nach Athen will er dieses Jahr nicht. Die August-Hitze und das zu erwartende Chaos will er sich nicht antun.

Aus 3,20 Meter Höhe in die Sandgrube

Olympische Spiele hat er schon 1952 gesehen – in Helsinki war Bossong dabei, wenn auch nur als Tourist. Doch alleine die Überfahrt von Travemünde nach Helsinki auf einem umgebauten Holzkutter machte die Reise zu einem unvergessenen Erlebnis. Zumal die deutsche Leichtathletik-Mannschaft mit an Bord war.

Dieter Bossongs größter Erfolg war ein zweiter Platz bei den hessischen Meisterschaften im Stabhochsprung. 3,20 Meter sind mit heutigen Höhen zwar nicht mehr zu vergleichen, aber damals wurde mit einem Bambusstab gesprungen und in einem Sandhaufen gelandet. Wolfgang Bossong erreichte bei Bezirksmeisterschaften einmal einen 4. Platz über 200 m und „in der Staffel reichte es immer zur Endlaufteilnahme bei den Landesmeisterschaften". Der erfolgreichste Eintracht-Leichtathlet jener Tage war Mittel- und Langstreckenläufer Joachim Radtke. Er wurde mehrmals hessischer Meister und hielt über lange Jahre den Landesrekord über 3000 m Hindernis.

Straßen- und Waldläufe

Im Vergleich mit anderen Sportarten war die Leichtathletik nach dem Krieg sehr früh wieder aus den Startlöchern gekommen. Schon am 9. Dezember 1945 richtete Eintracht Wiesbaden unter Federführung des Sportwarts Willi Maus in den Walkmühltal-Anlagen ihr erstes Sportfest aus. Sieger des offenen Herbstwaldlaufs wurde Erwin Hermann. Im Frühjahr 1951 sorgte ein Straßenlauf in der Rheinstraße für großes Publikumsinteresse und Waldläufe im Nerotal hatten über Jahre hinweg Tradition.

Auch Wechselspiele fanden seinerzeit schon statt. 1947 schlossen sich die Leichtathleten des SV Wiesbaden komplett der Eintracht an, um dann 1951 fast geschlossen wieder zum SVW zurückzuwandern. Es war kein großer Weg, schließlich trainierten beide Vereine und verschiedene Disziplinen im Stadion an der Frankfurter Straße. Während die Leichtathleten auf der Aschenbahn ihre Steigerungsläufe machten, jagten die Fußballer in der Platzmitte dem Ball nach.

Die Anfangszeit der Leichtathletik ist im Jubiläumsbuch der Eintracht zu ihrer 125-Jahr-Feier 1971 anschaulich beschrieben: „Finanzielle Unterstützung gab es für Trainer oder Sportler damals nicht. Anreisen zu Sportfesten dauerten in überfüllten Zügen mehrere Stunden. Doch etwas Gutes hatte die schlechte Zeit: Die gesamte Abteilung verlebte den ganzen Tag zusammen." Wenn dann noch eine gute Fotografin dabei war, konnte das Erlebnis des gemeinsamen Sporttreibens anschaulich auch an die Nachwelt übermittelt werden.

Gute Hürdentechnik: Dieter Bossong im Sommer 1951

Für Isabell Bried war nichts zu schwer, weder Diskus, Kugel noch Speer

Mit dem Sportgroschen Schulwettkämpfe ausgerichtet

Das Schöne daran, wenn es keine Strukturen gibt: man kann sie sich selbst bilden. Das dachten sich auch die Zwillinge Hans-Jürgen und Klaus-Dieter Portmann. Sie organisierten ab 1951 mit großem Engagement und nicht geringem Erfolg Schulsportveranstaltungen und Vergleichswettkämpfe zwischen verschiedenen Wiesbadener Gymnasien. Da waren sie gerade mal 15.

Heute ist Hans-Jürgen Portmann 70 – sein Zwillingsbruder lebt leider nicht mehr – und blättert versonnen in den Jahrbüchern der Diltheyschule, seiner Schule. „Es gab damals kein Sportreferat im staatlichen Schulamt" erinnert sich der passionierte Leichtathlet: „aber wir wollten Wettkämpfe zwischen den Schulen." Also wurde Portmann zum Sportreferenten und die Dilthey-Schule zur Basisstation Wiesbadener Schulsportfeste.

Philosophisches zum Schulsport

Hilfreich für die Organisation diverser Wettkämpfe war die Erhebung eines „Sportgroschens" in der Dilthey-Schule. Bei 1200 Schülern des damals am Gutenbergplatz beheimateten Gymnasiums kamen pro Monat 120 Mark zusammen: „Das war relativ viel Geld, da konnte man schon was auf die Beine stellen." Leichtathletik-Meisterschaften und Schwimm-Wettkämpfe sowie Handball- und Fußball-Turniere waren die Kernstücke der Schul-Olympiaden. Doch auch Rudern, Tischtennis und sogar Tennis gehörte gelegentlich zum Repertoire.

Zwar hing das Renommee der Schulen nicht von den Siegen ihrer Schüler auf den Sportplätzen ab, aber schöner war's schon, wenn man im Jahrbuch auf Erfolge zurückblicken konnte. Schließlich war der namensgebende, in Biebrich geborene Philosoph Wilhelm Dilthey (1833–1911) ein Vertreter der hermeneutischen Wissenschaft: Seine Analyse geht von den Bedeutungen aus, die die Menschen ihrer Erfahrungswelt gegeben haben. Dementsprechend schrieb Dilthey-Pennäler Gert Osser über die sportliche Aufwärtsentwicklung seiner Schule: „Ohne überheblich sein zu wollen, dürfen wir dieses Jahr 1951/52 als das erfolgreichste und glänzendste Sportjahr nach dem Kriege bezeichnen." Dilthey hatte vor dem Krieg einen führenden Platz im sportlichen Wettkampf der Schulen, und nun wieder an alte Erfolge angeknüpft: „Wir haben uns diesen Platz zurückerobert."

Gute Ergebnisse und glanzvolle Siege

Einige Erfolge lohnten aufgezählt zu werden: Die Fußballmannschaft schlug die favorisierte Elf des Realgymnasiums Oranienstraße mit 4:2. Das Handballteam bezwang in einem Vorbereitungsspiel die Vereins-A-Jugend von Eintracht Wiesbaden mit 15:13 und trat gestärkt zur Stadtmeisterschaft im Feldhandball an. Im Finale bezwang man die Oranienstraße mit 13:12. Dieser Titel war besonders begehrt, denn es gab den „Wanderpokal des Wiesbadener Tagblatts" zu gewinnen.

Bei den Schwimmwettbewerben im damals neu erbauten Schwimmbad im Kleinfeldchen mussten die Innenstadt-Schüler erkennen, dass die Mitschüler aus Schierstein und Biebrich bessere Trainingsbedingungen hatten und folgerichtig schnellere Zeiten schwammen. Beim Leichtathletik-Schulsportfest wiederum gewannen die Dilthey-Schüler der Jahrgangsklasse III (1935/36) den Dreikampf und waren beinahe unschlagbar in der Rundenstaffel. Beim Stadtstaffellauf „Rund um die Adolfsallee" gewannen dagegen bei den älteren Altersklassen jeweils die Staffeln vom Zietenring vor Dilthey.

Olympischen Gedanken fördern

Im darauf folgenden Schuljahr 1952/53 stand die Olympische Idee im Vordergrund. „Umso mehr, da wir als Schüler eines Gymnasiums ganz besonders die Pflicht haben, den olympischen Gedanken zu fördern", schrieb Hans-Jürgen Portmann im Jahrbuch nicht ohne Pathos:

Teamsportart Tauziehen: Gymnasium gegen Realgymnasium

Waldlauf im Kurpark beim Sportfest höherer Schulen

„denn wir müssen ihn als eines der größten Kulturgüter ansehen, die wir von der Antike ererbten."

Zu den sportlichen Idealen gehörte neben dem „Schneller, Höher, Weiter" vor allem das „Dabei sein ist alles", die „Teilnahme im fairen Geiste". Doch das wiederum geht nur, wenn überhaupt Sportwettkämpfe stattfinden. Portmann erinnerte daran, dass zahlreiche Veranstaltungen vom Sportausschuss zwar erst nach mühevoller Arbeit ins Leben gerufen worden waren, dass sie dann aber zum festen Bestandteil des Schulsports weit über Wiesbaden hinaus geworden seien. Von übergeordneter Hand gab es jede mögliche Hilfe. So habe der Leiter des städtischen Sportamtes, Franz-Wilhelm Beck, der auch Vizepräsident des Deutschen Turnerbundes war, die Schüler stets unterstützt. Die amerikanischen Schulen stellten gelegentlich ihre Busse zur Verfügung, wenn es zu Auswärtsfahrten ging.

Einmal Funktionär, immer Funktionär

Generell war Bewegungsmangel damals kein Problem der jungen Leute. „Mannschaften konnten wir immer stellen", erinnert sich Portmann. „Es war aber immer schwierig, Funktionäre zu finden." Wer dann aber, so wie er, einmal damit angefangen hat, dem Sport nicht nur aktiv zu frönen, sondern auch passiv zu dienen, kommt wohl nicht davon weg.

So hat sich der Mittelstreckenläufer Hans-Jürgen Portmann als Sportfunktionär locker den Ruf eines Marathonmannes eingehandelt. Nach seiner Zeit als Schüler und Schulsportreferent engagierte sich der Architekturstudent als Vizepräsident im Allgemeinen Deutschen Hochschulsport. Später übernahm er den Vorsitz der Deutschen Olympischen Gesellschaft und den Sportkreis Wiesbaden führte er gleich 21 Jahre lang.

EHREN-
URKUNDE

Bei den Bundes-Jugendſpielen 1952

zu Wiesbaden am 22. August

errang Hans-Jürgen Portmann

Jahrgang 1935

im Dreikampf

einen Sieg.

Als Anerkennung gebe ich dieſe Urkunde.

Bundespräſident

Die erste Ehrenurkunde bei den ersten Bundes-Jugendspielen für Hans-Jürgen Portmann

Bezirks-Jugendmeister 1953 in der Olympischen Staffel: Die Dilthey-Schüler Hans-Jürgen Portmann, Werner Matzacher, Klaus-Dieter Portmann und Eberhard Fuhr

Weitere Bücher aus dem Wartberg Verlag für Ihre Region

Wiesbaden – wie es früher war
von Monika Reichartz
72 S., geb., zahlr. S/w-Fotos
(ISBN 3-86134-138-7)

Wiesbaden – Bewegte Zeiten – Die 50er Jahre
von Anja Geist
72 S., geb., zahlr. S/w-Fotos
(ISBN 3-86134-941-8)

Wiesbaden – Ereignisreiche Zeiten – Die 60er Jahre
von Thomas Weidel
72 S., geb., zahlr. S/w-Fotos
(ISBN 3-8313-1287-7)

Wiesbaden – Hinterhof und Kurkonzert
Ein Bilder- und Lesebuch zur Stadtgeschichte
v. Gerhard Hohnekamp (Hg.)
120 S., geb., zahlr. Abb.
(ISBN 3-86134-350-9)

Wiesbaden – Farbbildband dtsch./engl./franz.
von Johannes Hahn und Margrit Spiegel
72 S., geb., zahlr. Farbfotos
(ISBN 3-86134-595-1)

Wiesbaden – Auf den ersten Blick dtsch./engl./franz.
von Johannes Hahn und Margrit Spiegel
32 S., geb., zahlr. Farbfotos
(ISBN 3-86134-610-9)

Rundflug über das alte Wiesbaden
von Monika Freiling
64 S., geb., zahlr. S/w-Fotos, Großformat
(ISBN 3-86134-942-6)

Untergegangenes Hessen – Wiesbaden
von Jörg Adrian Huber
64 S., geb., zahlr. S/w-Fotos
(ISBN 3-8313-1319-9)

Wiesbaden im Bombenkrieg – Februar 1945
von Thomas Weichel
64 S., geb., zahlr. S/w-Fotos
(ISBN 3-8313-1408-X)

Wartberg Verlag GmbH & Co. KG
Bücher für Deutschlands Städte und Regionen
Im Wiesental 1 · 34281 Gudensberg-Gleichen · Telefon (0 56 03) 9 30 50 · Fax (0 56 03) 30 83
www.wartberg-verlag.de